茅盾的青少年时代

蔡震 著

河北人民出版社

图书在版编目(CIP)数据

茅盾的青少年时代/蔡震著．—石家庄：河北人民出版社，2010.7（2011.4 重印）
（大师的青少年时代）
ISBN 978-7-202-05456-7

Ⅰ.①茅… Ⅱ.①蔡… Ⅲ.①茅盾(1896~1981)-生平事迹 Ⅳ.①K825.6

中国版本图书馆 CIP 数据核字(2009)第 241042 号

书　　名　茅盾的青少年时代
著　　者　蔡　震

责任编辑　王　轶　段　鲲
美术编辑　于艳红
责任校对　张三铁

出版发行　河北人民出版社(石家庄市友谊北大街330号)
印　　刷　河北新华第一印刷有限责任公司
开　　本　850×1168 毫米　1/32
印　　张　5.875
字　　数　120 000
版　　次　2010 年 7 月第 1 版　2011 年 4 月第 2 次印刷
书　　号　ISBN 978-7-202-05456-7/I·804
定　　价　13.50 元

总　序

每一个人都有值得自己记忆的童年，都有属于自己价值体系的少年和青年的时代。这是年华方富的时光，它充满细想与追求，它赋予浪漫与神奇。不管它是美好的还是苦楚的，也不管它是多彩的还是平淡的，它是自己生命年轮最重要、最可珍贵的部分，它是人生旅程的起点。

孔子说："后生可畏，焉知来者之不今也？"（《论语·子罕》）是的，后起之秀是很可以敬畏的，你怎么能断定后来者不如现在的人呢？青出于蓝而胜于蓝，长江后浪推前浪。

正如梁启超先生所言："老年人常思既往，少年人常思将来。惟思既往也，故生留恋心；惟思将来也，故生希望心。惟留恋也故保守；惟希望也故进取。惟保守也故永旧；惟进取也故日新。惟思既往也，事事皆其所已经者，故惟知照例；惟思将来也，事事皆其所未经者，故常敢破格。老年人常多忧虑，少年人常好行乐。惟多剧组也故灰心；惟行乐也故盛气。惟灰心也故怯懦；惟盛气也故豪壮。惟怯懦也故苟且；惟豪壮也故冒险。惟苟且也故能灭世界；惟冒险也故能造世界。"（《少年中国说》）我们相信，21世纪的新中国少年，将以豪壮之气慨，去创造一个更加璀灿的新世界。

这套名为“恰少年”的丛书，收入了描述鲁迅、郭沫若、茅盾、巴金、老舍、曹禺等中国现代著名作家青少年时代的学习与生活的六本普及性读物。这些作家，虽然出身、经历和早年的人生体验迥异，但他们有着许多共同点：一，勤奋好学，自幼就有强烈求知的欲望；二，意志坚强，不断探索前进的路标；三，目光远大，胸怀报效祖国的宏伟理想。读者从中可以真切地感受到这些作家对生活的热爱和对事业的执著。他们不都是神童，不都是在顺境中长大，但他们的严肃认真的生活态度和经受得起挫折磨炼的意志，使他们后来有可能在文学事业上获得成功。他们成功的经验，将有助于我们年轻的读者更加奋发向上，锐意进取，在不同的岗位上确立自己的人生坐标。

为了保证丛书的质量，我们特意约请了几位教授撰稿。他们对自己承担的课题有专门的研究，是该学术研究领域的专家。我们谨此致以谢忱！

本丛书的特点是故事性强，叙事生动活泼，说理明白晓畅。它是我们献给中、小学生和广大青年最丰腴的精神食粮，希望会得到这个读者群体的喜爱。

主编　黄侯兴

2010年1月17日，于北京

目录

茅盾的青少年时代

一 水乡小镇人家

乌镇，地处杭嘉湖平原的浙江桐乡县一个水乡小镇。

1896年7月4日，镇上观前街的沈家，一个男婴呱呱落地。

婴儿的父亲沈永锡马上给自己远在广东梧州为官的祖父拍去电报，报告沈家有了长房长曾孙的喜讯，并且请祖父为长曾孙起名字。

有了长曾孙，就是四世同堂，沈老太爷十分高兴。想到这一年梧州的燕子特别多，民间以为乃吉祥之兆，于是，他给曾孙起了个小名叫燕昌，大名则按沈家排行叫作德鸿。这个男婴就是茅盾。

乌镇历来是个鱼米之乡。它地处水陆要冲，历史非常久远，据说春秋时期为吴越边界，吴国即驻兵于此，唐代咸通年间正式称镇。镇上有一条纵贯南北的市河，以此为界，河西叫乌镇，河东称青镇，但人们习惯统称为乌镇。

虽是水乡小镇，优越的地理位置，使乌镇这方水土成为农商兴旺、人文荟萃之地。地方志上称其“镇虽一隅，实三郡六邑之屏藩也”。清代乾嘉年间，是乌镇最为繁盛的时期。那时，它作为“两省”（江苏、浙江）“三府”（湖州、嘉兴、苏州）“七县”（乌程、归安、崇德、桐乡、秀水、吴江、震泽）交界的水陆要冲，发展成府城的规模。商业、手工业尤其发达，闹市通衢之处分布着衣帽街、柴米街之类只有省会城市才有的商业街区。太平天国运动之后，由于战患和清兵的焚掠，乌镇的市廛大半被毁，而且再没能恢复原来的风貌，但其经济的繁荣程度，仍非一般县城所能比。

乌镇的历史上也积淀着丰厚的人文气息。南北朝时期，梁朝的昭明太子萧统曾随沈约在乌镇苦读。沈约是南朝的大学者，每至清明，总要返回乌镇附近的故里守墓数月，昭明太子即随沈约在乌镇建书馆读书，还留下了他为母亲祈福建造的两座宝塔：东塔、西塔。

◎水乡乌镇

北宋南渡后，不少中原的文人学士迁居浙地，更加快了这一地区文化的发展。南宋著名诗人陈与义出任湖州知府时，特在乌镇筑屋读书，取名“南轩”。他与当地僧儒洪智、天经结为诗友，后人在“南轩”旁又建了“三友亭”。清乾隆年间设“四库全书”馆，编纂《四库全书》，乌镇的藏书家鲍廷博专门进献孤本藏书，后辑录《知不足斋丛书》。自宋以来，小小的乌镇出过近二百名举人、进士。乌镇也像杭州、嘉兴府那样，有文人雅士们命名的“八景”一类的去处，像“双塔凌云”、“文石流觞”什么的。

乌镇还流传着许多富有文化意蕴的历史传说、故事。镇上一棵唐代银杏树，就讲述了一个悲壮的传说，那是关于唐咸通年间平叛将军乌赞的故事。

据说“安史之乱”时，浙江刺史李琦也举兵叛乱，把浙江搞得民不聊生，朝廷派乌赞将军率军平叛，一路将叛军打得溃不成军。打到乌镇时，叛将李琦要求休战讲和，却乘着月黑风高，偷袭了乌赞将军的军营。乌赞急起披衣，跨上他那匹征战南北的青龙驹，迎战叛军，一直追到市河边。却不料，青龙驹跌进叛军设下的陷阱，乌赞将军和他的青龙驹被叛军乱箭射死。后来，人们厚葬了乌赞将军和他的青龙驹，这棵银杏树就是从乌将军的坟上长出来的。为了纪念乌赞将军和他的青龙驹，位于市河的这个小镇就叫作了乌青镇。

沈德鸿来到世间，就生活在这样一个钟灵毓秀之地。

◎观前街的沈家旧居

沈家的远祖世代为农，后来迁到镇上做小买卖。到了沈德鸿曾祖的祖父一代，才在镇上开了一个卖旱烟的烟店。这个小烟店传到沈德鸿的曾祖父沈焕一代时，已经需要养活沈焕兄弟八人和他们已有及陆续将有的家室。沈焕是长兄，已经成家，有了儿子，他觉得靠这个小店，难以养活这么一大家子人，于是决定出外另谋生路。

沈焕在上海闯荡了一年多，增长了许多见识，结交了不少朋友。其中一个经营山货行的安先生，看中了他的精明干练，让他进了自己所在的山货行，当个专跑码头，了解行情的伙计。在这家山货行，沈焕一干就是十年，不但熟悉了这一行生意，而且能干、称职，成为专管进货、决定山货行经营方针的大伙计。

一个机会，使沈焕成为安先生的合伙人。他帮助安先生在汉口开办了一家“安记山货行”，自己也当上山货行的副经理。过了几年，安先生告老还乡，把在山货行的部分资产作为贷款，留给沈焕独自经营。沈焕决心大干一场，所以魄力更大，经营手腕也更灵活。他有过一段走运的日子，进货看得准，无论进了什么货，很快就能售出，资金周转快，获利也颇丰厚。就是在这期间，他为准备退路，让儿子回乌镇，买下了观前街上的房子作为住宅。

然而，好景不长，商海的风浪难以预料。有一次，沈焕估错了行情，进砸了一批货，一时脱不出手，资金周转不开，只有向钱庄借债。结果是，货物贱价抛售，亏损了一半的钱，钱庄借款的利息又成了个大包袱。沈焕还算果断，将山货行招盘，还清债务之后，以所余之款捐了个官——分发广东的候补道。在广州“候补”了三年，终于弄到代理梧州税关监督的实职，也算是一个肥缺。

沈焕没有正经读过多少书，除了幼年念过几年私塾，是在经商过程中渐通文墨的。他最大的希望，就是儿子们能从科举走个正途出身，沈家由此改换门庭，他也可以做个绅缙。然而，儿子们并不争气。长子，即沈德鸿的祖父沈恩培，天资倒是颇高，只是不肯下苦功。旁人都以为，以他的资质，若是努力，中个举人并不难，他却屡考乡试，都未能中试，仅是一名秀才。而且，他对此并不在意，也不知稼穑之苦，每日游哉优哉，过着饭来张口，衣来伸手的生活。沈恩培的二弟也是此等状况，考过几次乡试，都没有中举，却想经商。

沈焕长年经商在外，家中之事全由妻子王氏管理。王氏对儿子管教极严，所以，靠老子为生的几个儿子，倒也还没有染上赌博、嫖娼一类的恶习。不过，女性管家，似乎也就成了沈家的传统。沈恩培尽管无所事事，却并不操心家事，也从来不管教儿女。他活得潇洒，常挂在嘴边的一句话是："儿孙自有儿孙福，不替儿孙作牛马。"他的妻子高氏来自乡间，是嘉兴高桥村的一个地主之女，对农俗颇为熟悉，自己也酷爱农桑之事。她曾在家中带着佣人们养蚕、喂猪，这让沈德鸿在小小年纪时对农桑之事有了一些感性的了解。

沈焕在梧州税关任上干了一任，觉得精力不济了，便告老还乡。回到家乡以后，他却大失所望：儿子们既不能举业，也未能经营管理好自己置下的产业。早就汇钱回家，让儿子们为自己养老修建的房子，盖得像个鸟笼，钱却没少花。置办的两处产业——泰兴昌纸店、京广货店，都经营不善，只能勉强维持。沈老太爷只得自己打起精神进行整顿，改换门庭的希望，也只能寄托在孙儿和重孙儿身上了。三年之后，沈老太爷在郁郁寡欢的心境中辞世。

沈恩培虽说只是个靠老子吃饭的人，却有着不求闻达，不逐名利的洒脱。他从不拜谒官府，也不过问地方上的事。沈恩培善写大字，也喜欢为人写字，为镇上人家写了不少匾额、堂名、馆名、字号招牌，但都不署名，也不取润笔，只为自娱。他每日的生活，就是在茶楼饮茶，在镇上的西园里听昆曲，在朋友家的麻将桌上打发时光。这倒是很有点大户人家子弟的作派。

沈恩培活得洒脱自在，但沈家的家境财力毕竟只是个中等人家，所以，他也只能自己揣着这份自在洒脱，儿孙们怕是没有这个福分

◎沈德鸿出生的房间

了。好在儿孙们似乎也并没有从沈恩培身上继承多少性格方面的基因，至少沈德鸿父子是如此，这大概同他从来不过问管教儿孙之事不无关系。

虽说是不理儿孙之事，阴差阳错之间，作为祖父的沈恩培，却在孙子德鸿尚懵懂无知的时候，插手为其决定下一件影响到他一生的大事。

二 南货店娃娃订亲

在距沈家居住的观前街不远的东栅，开着一家字号叫作钱隆盛的南货店。这是乌镇唯一一家货色齐全的南货店，香菇、木耳、燕窝、虾米、海参、鱼翅等山珍海味，花生米、瓜子、各色干果等应有尽有。钱隆盛的店主人姓钱，名春江，与沈家有亲戚之谊。沈德鸿四叔祖的续弦是钱春江的妹妹，在沈家没有分家之前、几房合族而居的时

◎流过乌镇的市河

候，德鸿的母亲与钱氏非常要好。

沈恩培时常到钱隆盛买卖东西，伙计给备货时，店主就隔着柜台与沈恩培闲谈几句。有时碰上在镇里开蜡烛坊、纸马店的老板孔繁林也来钱隆盛买东西，沈恩培会接着与孔繁林聊起来。沈、孔两家本就是世交，两个人又谈得拢，这一聊就是半天。

德鸿五岁那年初夏的一天，沈恩培带着孙子出去转，照旧来到钱隆盛，隔着柜台和钱春江闲谈起来。事有凑巧，不一会儿，孔繁林也到钱隆盛来了，而且背着他的孙女。两位祖父就把孩子放在店堂里任他们嬉耍，自己倚在柜台上谈天说地。钱春江一边照看着生意，一边有一搭没一搭地插上几句话。此时店堂里客人不多，钱春江看着一对无忧无虑嬉戏玩耍的小儿女，忽然对在那里自顾说笑的两位祖父说道："你们两家订了亲吧。孩子虽小，但你们两家本是世交，亦算是门当户对啦，一对小儿女又年龄相当，必是一段好姻缘。"

两位祖父扭过头，看了看一对小儿女，相视会心一笑，都觉得这提议不错，连说："好，好。"当即便表示同意。大家又谈笑一阵，彼此作别而去。

沈恩培心满意足地拉起孙子回到家里，把在钱隆盛碰到东栅孔繁林带着孙女，由钱老板提议两家给孙儿、孙女议定娃娃亲之事说给儿子永锡。沈永锡听罢，略一思索，也觉得虽说是早了些，但这门亲订得。然而，当他把订亲的事告诉妻子陈爱珠时，妻子却不以为然。陈爱珠对丈夫说出自己的担心：

“如今两家的孩子年纪都还小，长大了究竟是好是歹，谁能料得到。现在订下亲，将来若有个变化，觉得不如意了，如何悔得？”

沈永锡却已有自己的主意，笑了一笑说道：“正因为女方年纪尚小，现在订了亲，孩子早晚是沈家的人了，我们就可以作主，要求孔家不要给女孩子缠足，而且要让她读书识字。”

“话虽这样说，孩子毕竟还是在孔家，我们要求孔家怎样怎样，只能说说而已，真正管不到的。”爱珠还是不大同意。

沈永锡沉吟了片刻，向爱珠讲起了一桩埋藏在心底的往事：

那是在他年轻的时候，与陈爱珠订亲之前，曾有媒人拿着孔繁林女儿的庚帖上门提亲。那时，沈永锡已经中了秀才，孔家女儿也十六七岁了，媒人说是门当户对。孰料，请来镇上有名的星相师给男女方排生辰八字，结果竟说是女的克夫，亲事因此没有说成。若是因为别的什么原因议不成这门亲，也便罢了，男女双方本不相识，自然不会有什么遗憾。偏偏说是女的八字克夫，又偏偏这孔家女儿心重。听说自己命中克夫，孔家女儿心头像压上一方大砖，觉得自己大概永远嫁不出去了，由此，心头积下郁结，不久竟成心疾，并且因此告别人世。

沈永锡说罢这桩往事，长叹了一口气，唏嘘不已。他一直觉得孔家女儿的死，像是自己欠了人家一笔债，永远还不清，所以事情过去多年了，还是耿耿于怀。这次父亲做主，给自己的儿子议定的亲家恰好又是孔家，他觉得有了一个还债的机会，何况两家儿女的情况相仿佛，至少从现在的情况看，没有什么不如意的，那些不可预知的事

◎茅盾的母亲陈爱珠

情，也在人为吧。

得知丈夫的心事，陈爱珠也觉得他想得有道理。作为女人，她自然同情孔家女儿的不幸，反过来，她也更理解丈夫因此而生的自责、自愧和偿债的心理，而且心中还增加了几分对丈夫的敬重。所以，不知不觉中，她的担心也改变了：

“如果这次排八字又是相克，那该怎么办呢？”

“这次排生辰八字的事由我做主，即使八字排得不对头，亲也要订下来。”沈永锡已经打定了主意，爱珠于是不再争议。

沈永锡将与妻子商议的决定告诉父亲，沈恩培便正式给钱春江回话，同意请他做媒，订下这门亲事。

不久，女家送来了庚帖，沈恩培仍请了镇上那位有名的星相师排八字，这次竟是大吉。原来，孔家对订亲之事，也下了事在必成的决心。他们吸取了上次的经验教训，把女儿的生辰八字都改过了。孔家下这么大的决心，其郑重其事，决不亚于沈永锡那股破釜沉舟的劲头，要知道，那时的孔家也是个大家庭，有六房之多呢！

这些事，对在钱隆盛南货店店堂里一起嬉耍的小儿女自然是浑不知晓的，但当他们长大以后，真正要来履行这纸由两个老人闲谈之间就敲定了的婚约时，会怎么想呢？一方面，两家都还得按老习俗，规规矩矩地论八字；另一方面，不约而同，两家在恭恭敬敬中，又都对老规矩表现得大不敬，甚至可以说是置若罔闻。这次带点喜剧色彩的排八字相亲，说它是自欺欺人，未尝不可，但却似乎在预示，日后大体上会有一个可说是皆大欢喜的结果吧。当然，喜剧情势背后真正的历史含义，是让人已经隐约感到时代正在悄悄地发生着变化。

沈、孔两家正式订亲联姻之后，沈永锡便开始按自己的既定想法行事了。他郑重其事地请媒人告之孔家，不要给孩子缠足，要让她念书识字。然而，亲家却是很守旧的人，他们根本不听，已经缠足有半年多的女儿依旧让她缠着。事实上，孔繁林尽管经商有成，颇有积蓄，却不像近代历史上以商贾为业的人那样，或多或少在思想上显得比较开明。孔家既封建，又古板，更像那种传统的老派家族，他们还抱着“女子无才便是德”的古训。钱春江来转达了沈家的要求，他们只当是耳旁风，仍然我行我素。倒是寄居在孔家的那位小孙女的大姨，见不得小女孩缠足后时常疼得

◎茅盾的父亲沈永锡

哭哭啼啼，背着孩子的母亲，也就是她的妹妹，在晚上悄悄给孩子把缠足布解下来。做母亲的看到，开始还以为是孩子小，耐不住疼痛，自己解开的，便又给她重新缠好。但如是几次，她觉得不对劲儿，就问姐姐怎么回事。——她因为多病，料理家务的事，全靠着这个已经守寡的亲姐姐帮忙了。姐姐不得已，告诉她道："是我给孩子解开的，你没看见孩子常常哭哭啼啼吗？"

"女孩儿家都得遭此一番磨难，不然将来如何做得人家媳妇？你我不都是过来人嘛，这是为她好。"

"男家早就传过话来说不要缠足，为什么我们还非要缠，让孩子遭罪。"

"说不要缠足是男家长辈的意思，女婿才五六岁，现在什么也不晓得，由着长辈的意思，谁又知道他长大之后，要不要没有缠足的媳妇呢？"

姊妹两个争执了一阵子，没有结果，当妈的赌气说不管了，从此竟真的不过问女儿缠足之事。这样一来，大姨便作主给女孩放了足。不过，究竟是缠过半年的足，脚背骨虽未折断，却已经弯曲变形，与天足有了区别。对女孩而言，这毕竟还算不幸中的幸事，她有个好心肠的大姨。对沈德鸿而言，这却难以用幸或不幸来判断，因为十几年后，设若他真的面对一个小脚女子，该怎样履行"父母之命，媒妁之言"，大概就是个未知数了；而如果他有了另外的选择，此后他的人生之旅会划出什么样的轨迹，就更是个未知数了！

缠足的事解决了，虽然沈家此时并不知晓就里，但读书识字的事没有做到，沈家却是看在眼里，急在心里。沈永锡不时地给亲家递话过去，女家只是不理不睬。

其实，沈德鸿这位未来的岳母（也姓沈）是读过书能识字的，只是不及德鸿母亲那样认真念过多年书。按说读过些书，比整日厮守在闺房里做女红或是围着灶台转的女子，见识应该多些，可这位亲家母因为多少识些字，熟知了“女子无才便是德”的古训，便认定这是女子安身立命的规矩。在孔家这样古板、守旧的封建大家庭，是不会让女孩子入书塾去读书的。做母亲的既然识文断字，总可以口传身授女儿些文字知识，但是这位亲家母就是不肯教女儿念书，加之她常年多病，也实在是没有那份心情教女儿。

沈家这边，德鸿七岁时，父母让他进了家族里开设的家塾。

沈家这个家塾已经办了好多年了，德鸿的几个小叔和他二叔祖家的几个孩子都在家塾里念书，老师就是德鸿的祖父。但是沈永锡开始没让德鸿进家塾，他不赞成父亲在家塾里教学的方法和内容。沈恩培教孩子们读的还是《三字经》、《千家诗》这类老书，而且，他经常教孩子们念上一段后，就把他们丢在那儿死记硬背，自顾出门去听说书或打麻将牌了。所以，沈永锡自己选了一些新式内容的教材，像《字课图识》、《天文歌略》、《地理歌略》等，让德鸿的母亲教他读书。母亲便成为沈德鸿的第一个启蒙老师。

即使这样，沈恩培仍然觉得教家塾是个负担，所以在德鸿七岁那年，他就把教家塾这副担子推给了儿子。沈永锡那时身体已经不好了，常有低烧，但父命难违，只好接过这副担子，一面行医，一面教书。于是，德鸿也就跟着进了家塾，改由父亲亲自教他，读的书自然也是父亲选定的新教材，德鸿的几个小叔仍旧学那些老课本。

然而不到一年，沈永锡病倒了，家塾还得由沈恩培执教。沈永锡就把儿子送到德鸿曾祖母的侄子王彦臣办的私塾中去继续读书。这家私塾教的内容也是老一套，但私塾先生书教得特别认真。王彦臣不像其他私塾先生，上午应景教教学生，下午径自出去访友、饮茶、打牌，他能稳稳当当坐在塾堂里不动，一天到晚盯住学生不放。他管束学生的功夫可谓“名声”在外，口碑不错，所以私塾里学生最多时曾有过四五十人。沈永锡看重的正是王彦臣管束学生的认真劲儿，但不满意其所教授的内容，因为是亲戚，就叮嘱王彦臣教德鸿新学，无奈王彦臣说他不懂新学，不会教。沈永锡没有别的选择，也只好将就。好在半年多后，乌

◎乌镇小巷

镇建起了第一所初级小学——立志小学，小德鸿就成为这所小学的第一班学生。

那时的乌镇还没有女子小学，但不久，镇上一个徐姓富绅办起一家私立女塾，叫敦本女塾，私塾办在徐家祠堂里，在南栅市区以外。沈永锡听说这件事后，就又请媒人钱春江转告孔家，女孩子已经八九岁，不能再耽误了，该让她上学，可以进敦本女塾。他还对孔家表示说，将来完婚时，女方的嫁妆多少不必讲究，可以随便些，现在却一定得花点钱让孩子上学读书。然而，孔家还是不予理睬。这时，沈永锡已经卧病在床，对于固执而又不通情理的亲家，实在是心有余而力难从，只有摇头叹息。

德鸿进入立志小学的第二年夏天，沈永锡因久病不治，撒手人寰。他去世后，德鸿的母亲也托媒人去过孔家催促让女孩读书的事，但当家的人都不在了，这催促之事也就更如同耳边风，不被重视了。

几年前在钱隆盛议定下的这桩娃娃亲，终于没有能按照沈永锡的愿望发展下去，两个无忧无虑的小儿女，已经步入了不同的人生行旅，若干年后会得着一个什么样的结果呢？小德鸿还不会顾虑到这一点，因为他还什么都不知道，作为母亲的陈爱珠自然不无忧虑，然而，她心里也没有底。丈夫抛下他们母子而去，眼前最要紧的事是把孩子们拉扯大，培育成人，孩子们的婚姻大事还不当紧，而这桩娃娃亲，也只能是顺其自然了。

三　有志作“伟大的小说”

沈德鸿的父母亲其实也是由父母之言、媒妁之约而缔结的婚姻，但他们二人婚后却在家中同窗共读，成了一对相亲相爱的小夫妻，有了德鸿之后，又过几年有了小儿子德济。

德鸿的母亲陈爱珠出身在一个岐黄世家，德鸿的外祖父陈我如，是江浙一带颇有名气的中医。但陈我如的妻子却因常年患有失心病不能理家，所以陈爱珠在还是个14岁少女的时候，就担起了管理家务的事情。陈我如是一方名医，家里雇有厨子、女仆等佣人，他收有五六个门生，吃住都在家里，为出诊备有船、轿，当然就得雇船夫、轿夫，于是，这成了个有十几口人的大家。陈我如让女儿管家本是迫不得已，但没想到一个小姑娘居然就把这十几口人的日常起居、家里家外大大小小的事情都管得井然有序。陈爱珠自然也历练得精明、果断、极有主见。

沈永锡16岁上就考中了秀才，经商的祖父很希望长孙能在考场上谋个出身，让沈家改换门庭。然而，沈永锡已经接触了新思想，不准备再走读书人科举的老路。他教过家塾，跟着岳丈大人学医，成了陈我如的关门弟子，还想着有机会去日本留学。

这个小家庭是水乡小镇上一个普普通通的小家庭，幸福和睦，充满活力。然而，天有不测风云，在德鸿八九岁的时候，一场突然而至的痁疾病让沈永锡躺倒在病榻上，久未根治，后来竟转成骨结核，不治身亡。

沈永锡的病拖了经年，在他撒手人寰的时候，家人们并不觉得突兀，但是一个幸福的小家从此残缺了。幼年丧父的小兄弟俩抱头大哭。这一年，德鸿10岁，德济只有6岁。陈爱珠年轻轻守寡，还得拉扯两个小儿。

料理完丈夫的丧事，拭去伤痛的眼泪，陈爱珠决定独自将两个孩子抚育成人。“不教儿曹作陋儒”，她还希望两个孩子都能成才。

◎立志书院（原立志小学）

其实，还在沈永锡卧床不起的时候，陈爱珠就已经担起了管教儿子的责任。那时，沈永锡的房内总要留有人侍候，而爱珠料理全部家务，无法时时侍候在一旁，德鸿年长，就得经常担当此任。沈德鸿这时刚进入立志小学读书，好在学校就在隔壁，上下课的铃声都听得清清楚楚，于是，德鸿总是听到上课铃响，再离开父亲的房间向学校跑去，有时实在离不开人，就干脆请假不去上课。这样做的次数多了，陈爱珠怕德鸿的功课落下，就抽空自己教儿子读书。结果德鸿很快将一部《论语》读完了，比学校里课堂上的进度还要快。

《论语》是立志小学修身课所用的课本。学校主要的课程是国文和算学，再加一门历史。新式小学应该设置的音乐、绘画、体操等课程都没有。国文、历史、修身课都由沈永锡的一个好朋友沈听蕉任课，所用课本是《速通虚字法》、《论说入门》两本书。《速通虚字法》帮助学生学造句，《论说入门》引导学生写文章，里面收录的都是些讲富国强兵之道的论文或史论。难怪沈德鸿成人以后涉足文字生涯，首先从事的是社会评论、时政评论、文学批评的写作。

国文是最被重视的课程。学校每个月都有考试，单考国文一科，写一篇文章，通常都是史论，还郑重其事地发榜，奖励成绩优秀者。所以对立志小学的学生来说，会写史论很重要。沈先生的课也侧重史论，每周都要给学生布置一篇作文。他出题目，给学生讲几句怎样立论，怎样以古论今，让学生去写。沈德鸿是班上年龄最小的学生，同班最大的学生已有20岁，是结过婚的。沈先生只能取中而教，他那些论古评今的话，沈德鸿听起来便似懂非懂，然后也煞有介事地论古评今一番。

不过沈德鸿人聪明，悟性又高，学习起来会找窍门。他人小，没有多少历史、社会方面的知识，自己就为每周一篇的史论发明了一套三段论的公式：第一段把题目中的人或事叙述几句；第二段写上一些带感慨的论断；第三段用一句套话收尾，无非是将“后之为XX者可不X乎”，换上几个不同的词而已。这成了他应对每周一文的一道万应灵符，把一个10岁出头的孩子写文章写得都有点老气横秋了。可是这毕竟给德鸿以扎实的文字训练，日后可谓受益匪浅。以他的聪慧，沈德鸿的作文在学校中出了名，每月的月考和期末考试，都榜列前排，还能带些奖品回家。母亲看到儿子学业上的成绩，自然十分高兴。

陈爱珠管教儿子极严，特别是对长子德鸿，不仅是在督促学业上，更在修身做人上。每天学校的下课铃声响过之后，如果德鸿没有按时回家，她就会责问儿子为什么晚回，是不是到别处去玩了。她不愿儿子荒废一点光阴。当然，这样的管束，以及学校里那种“老气横秋”的训练，也使得沈德鸿从小在性格上缺少几分无拘无束的洒脱与自由不羁的浪漫。

有一天，教算学课的先生病了，学校早放了学，沈德鸿习惯地急着往家走。这时，一个比他大五六岁的同学拉住他要一起玩耍，沈德鸿不肯，只顾往前跑。同学在后面追，不小心绊在校园里一棵大树旁跌了一跤，膝盖和手腕的皮都擦破了，手腕上还流了点血。这个同学不干了，拉着沈德鸿到他家向陈爱珠告状。陈爱珠见状，安慰了那个同学几句，又掏出一些钱给他，说是医治手腕的。这时，恰好德鸿的祖母和二姑母都在场。二姑母是个最爱挑剔又刻薄的人，在一旁没事找事地说了几句讥讽陈爱珠的话。已经安慰好那个同学的陈爱珠听了，勃然大怒，一把将沈德鸿拉上楼去，关住房门，拿起以前家塾中所用的硬木大戒尺，便要打德鸿。以前德鸿也挨过母亲打，不过都是用裁衣的细竹尺，在手心上轻轻打几下而已。这次看到母亲举起了硬木大戒尺，德鸿心里怕极了，转身拉开房门，一溜烟跑下楼去。只听得楼上传来母亲恨恨的声音："你不听管教，我不要你这个儿子了！"德鸿从未见母亲发过这么大的火，不敢呆在家里，一直跑出大门到街上去了。

◎水乡

这一来，惊动了全家。祖母命德鸿的三叔出去找人，三叔找了一遭未找到，祖母更着急了，又不好埋怨儿媳，一个人坐在那里生气。陈爱珠也有些后悔刚才太急躁了，小姑子说几句不中听的话，让她说去就是了，何必认真呢。

沈德鸿这时一个人没头没脑地走在街上，心里感到委屈。明明是那个同学自己跌了一跤，反叫他吃了冤枉，越想越气。但想到那把硬木大戒尺，又不敢回家去向母亲辩明。

这样漫无目的地走了一阵，沈德鸿的小脑瓜清醒了。“沈先生刚才在校园里，一定看到那个同学跌跤的情况，何不请沈先生去家里说情呢，他又是父亲生前的好友。”于是，沈德鸿返回学校，找到沈听蕉说明了情况。沈先生听罢，满口答应，当即带着德鸿来到沈家院子里。

祖母见先生来了，迎出堂屋，派人去喊儿媳下楼。陈爱珠心里是既后悔又生气，却不肯下楼，站在楼上临院的窗口说：

“有劳沈先生了，先生有什么话就请说吧。”

沈听蕉见此情况，明白她心里有气，就站在当院里说道：“学校里的事我当时在场亲眼所见，是那个孩子不好。他要追德鸿，自己绊了跤，反倒诬告德鸿。孩子说了怕你不信，所以我来做证。”

陈爱珠听了，没有答话。沈听蕉又说：“大嫂乃读书识礼之人，岂不闻古人云：孝子事亲，小杖则受，大杖则走乎？德鸿从家里跑出去也是对的。”

陈爱珠听了这话，默然片刻，说了一声“谢谢沈先生”，转身离开了窗口。

沈听蕉拍了拍德鸿的脑袋，向祖母拱手告辞。祖母连忙谢过先生，送出门外。

德鸿没听懂沈先生后来讲的那句话，老祖母也不懂。看见儿媳只说了声“谢谢”就转身而去，以为德鸿这顿戒尺还是免不了。她拉上德鸿到儿媳房中，让孙子跪在儿媳面前，请求宽恕。

陈爱珠正背窗而坐，德鸿跪在她膝前，哭着说：“妈妈，打吧。”陈爱珠顿时泪如雨下，哽咽着说了一句：“你父亲若在，也不用我……”就说不下去了，一手拉起德鸿。祖母见了，也在一旁抹泪。

晚上，见母亲心情完全平和了，沈德鸿才敢问母亲：“沈先生的那句话是什么意思？”

陈爱珠解释说：“父母没有不爱子女的，管教他们是要他们学好，所以子女‘小杖则受’。父母盛怒之时用大杖责罚子女，如果子女不走，打伤了，岂不反而使父母痛心么？所以说‘大杖则走’。沈先生这是为你辩护，说你出走是为孝子事亲，只怕你小小年纪还未想到这一层上去呢。不过今天的事情是我操之过急了。”

沈德鸿听着似懂非懂，不过心中的委屈倒是没有了。

从这以后，陈爱珠再也没有打过德鸿。

这一年的冬天，沈德鸿从立志小学毕业，随即进入镇上新办的植材高等小学。

这所学校的前身是中西学堂，只学英文和国文两门课。改为高等小学后增设了代数、几何、物理、化学、音乐、图画、体操等课程。这才称得上是新式学校了。学校教英文和其他新式课程的老师，都是由校方从原中西学堂的高材生中选人，保送到上海乃至国外学习一两年后，回校任教。沈德鸿在这里初次接触、学习了现代自然科学的知识。曾留学日本的化学老师在实验室里所做的实验，让他大开眼界。陈爱珠之所以选中这所学校让儿子入读，也是看重这一点——丈夫的遗愿就是要儿子学成理工之才。

学校教国文的几个老师，却还是些“老古董”的冬烘先生。一个就是王彦臣，不办私塾了，但教的仍是老一套。还有一个教《孟子》的老秀才，竟然把《孟子》中“弃甲曳兵而走”一句中的“兵”，解释为“兵丁”。于是“丢弃盔甲，拖着兵器”的意思，就变成了“战败的士兵，扔掉盔甲，仓皇急走，好像一条人的绳子，被拖着走”。沈德鸿和同学们忍不住窃笑。沈德鸿站起来，向老秀才提出诘问：“朱注《孟子》说‘兵’是武器，先生讲错了。”老秀才脸顿时就红了，但硬不认错，直闹到校长面前。

校长也曾是沈永锡的朋友，一听就明白了，却又觉得不能让老秀才在学生面前丢脸，就打圆场说：“先生所讲，可能是根据一种古本的解释吧？”德鸿心里自是不服，可也不便再争。回去又问了母亲，母亲说：“朱子所注《孟子》说‘兵’为武器，没有错的。不过校长的意思是不要让先生难堪，你慢慢大了就会懂得待人处世之道。”沈德鸿觉得母亲说得有理，由是，对人情世故多了一分了解。

新课程里，沈德鸿最喜欢音乐课。音乐课本是沈心工编写的，其中有一首《黄河》，歌词这样写着：“黄河，黄河，出自昆仑山，远从蒙古地，流入长城关，古来多少圣贤，生此河干。长城外，河套边，黄沙白草无人烟，安得十万兵，长驱西北边，饮酒乌梁海，策马乌拉山。……”

歌词大气磅礴，一共有四节，曲调雄浑悲壮，沈德鸿特别爱听爱唱，但是不完全懂得歌词的意义。音乐老师上课只教怎么演唱，不解释歌词，德鸿只有回家去问母亲。母亲给他详细讲解了歌词的意思，但也不知道乌梁海、乌拉山所指为何，只说大概是外国的地名。

由沈心工谱曲的这首《黄河》，是当时的一首校园歌曲，曾在各学校传唱一时。歌词是由杨度撰写的。杨度是后来民国初年组织筹安会策划恢复帝制的所谓筹安六君子之一。不过他在这首《黄河》里所写下的那些大气磅礴的词句，颇能激发清末国势颓败之际，青年学子们的民族自尊心和爱国情怀。沈德鸿每当听到《黄河》时，身心就沉浸在大河上下，长城内外，白草黄沙的旷远悲壮之中，升腾起一种民族自豪感和对于国运惴惴不安的忧患感。

小小年纪就萌生出忧国忧民意识的沈德鸿，把这种感触写在了他的作文里。在一篇题为《宋太祖杯酒释兵权论》的作文里，他痛责宋太祖赵匡胤不以国家安定、民族危亡为重，释解臣下的兵权，致使“边隘无大将，而辽人必入。州县无重兵，而天下瓦解”，贻误了当朝与后代，终至宋亡。国文老师在批语中称赞沈德鸿：“好笔力，好见地。读史有眼，立论有识，小子可造。其竭力用功，勉成大器。”

在另一篇《西人有黄祸之说试论其然否》的作文中，沈德鸿既写出了对于地大物博、人民智慧、历史悠久的祖国的自豪感，也表达了对于“列强环伺，气焰侵人，有鹰瞵虎视之心，染指朵颐之欲”的“危急存亡之秋”的忧心忡忡。一片拳拳的赤子情怀溢于言表。

与在立志小学一样，沈德鸿的作文总是名列前茅，深得国文老师的赏识。老师常常在他的作文后写下赞扬、鼓励的批语，如：“行文之势，尤蓬蓬勃勃，真如釜上之气”，“目光如炬，笔锐似剑，洋洋千言，宛若水银泻地，无孔不入”，等等。

一次，沈德鸿写了一篇题作《悲秋》的抒情散文，文章虽未脱模仿前人的痕迹，也不免骈体文的铺张摛藻，但其立意布局，写情状物，生发感慨，是同学们难以比肩的。国文老师拍着他的肩膀说：“你将成为一个了不得的文学家呢！好好用功吧。”沈德鸿听了老师鼓励的话，也萌生了“我能著作一种伟大的小说，成一名家，于愿足矣”的想法。不过，这想法他可是没有告诉母亲，母亲恐怕不会同意的。

进入植材小学的第二年，沈德鸿碰上童生会考。所谓童生会考还是沿袭了科举考试的概念。光绪末年废科举办学校时，普遍流传中学毕业算是秀才，高等学校毕业即为举人，京师大学堂毕业等于进士的说法，高等小学的学生则算是童生了。高等小学的会考就成了童生会考。

这次会考是由沈德鸿的表叔卢鉴泉主持的，出的题目是写一篇文章，《试论富国强兵之道》。这是当时社会上有志之士都在关心思考的问题。沈永锡在世时，与妻子也时常议论这类的问题。沈德鸿拿到题目立刻想起了父母亲在家中议论国家大事时说过的那些话，把它们凑在一起，加上些自己的议论，敷演成篇，最后以父亲生前常常说到的“大丈夫当以天下为己任”为结句。卢鉴泉在这句话下加了密圈，并写下批语道：“十二岁小儿，能作此语，莫谓祖国无人也。”

卢鉴泉特地把这份卷子拿给德鸿的祖父看，又当着德鸿祖母的面着实赞扬了德鸿一番。祖母唤来儿媳，把卷子给她看后才还给了卢鉴泉。

回到房中，陈爱珠笑着对德鸿说：

“你这篇文章不过拾人牙慧，都是我同你父亲时常议论起的那些话题，卢表叔自然是不知道的。但是卢表叔给你个好批语还特地拿给祖父看，当面夸奖你，也是用心良苦啊！祖母和二姑妈常常说你该到我家的纸店去做学徒了，我坚决不同意。这情况料想卢表叔是知道的，但他不便直接出面反对，就采取了这么个办法。你卢表叔是个有心之人，去年祖母不许你四叔再进县立小学，卢表叔也特地到家里来，对你祖母说：‘这是袍料改成马褂了’。”

听了母亲这一番话，沈德鸿才知道为了让自己能继续读书，为了遵从父亲生前的遗愿，母亲在家里承受了多么大的压力。卢表叔把自己在童生会考中的成绩拿来宣扬，也是为了帮助母亲减轻压力，帮助在天之灵的父亲实现遗愿。

沈德鸿又想起前年母亲大发雷霆要打自己，就是因为二姑母在一旁说了几句讥讽的话，想必母亲也是承受着这个压力，急火攻心。如今在植材上学，母亲让自己在学校入伙，二姑母背后不是常唠叨每月花四元钱膳宿费是浪费吗？这个家里祖母当家，二姑母做主，日常开销抠得很紧，每月只有初一、初八、十六、二十三这几天才能吃到肉，而且三个叔父、两个姑母、自己一家三口的一大家子人，只有几小碗菜、薄薄的几片肉，也就是尝尝滋味而已。母亲不惜每月交四元膳宿费，就为了使自己的营养好一点（因为寄宿生在学校与教师同桌吃饭，伙食比较好）。母亲花的是私房钱，任二姑母在背后说，却也无可奈何。

想到这些，沈德鸿深深地体味到母亲为抚育他们兄弟两个所尝受的艰辛，自己唯有在学业上加倍刻苦努力，才能报答母亲的殷殷之心。

四　革命换来“除名”通知

1909年夏，13岁的沈德鸿从植材高等小学毕业了。有人给陈爱珠出主意，让儿子去考杭州的一所初级师范学校，说是不收学费、食宿费，每年还发两套制服，但有一条规定，毕业后必须当教员。陈爱珠想了想，觉得不行。入师范虽不必花钱，但让儿子当教员有违丈夫的遗愿，他希望儿子念理工，学实业。陈爱珠决定让德鸿进中学。

中学只有府里有，也就是在杭州、嘉兴、湖州、宁波等地有。当然杭州的学校最好，但陈爱珠嫌杭州路途远，让德鸿一个人在那里读书不放心，就选了湖州中学。其实杭州、湖州距离乌镇的远近差不多，只是镇上有个亲戚正在湖州中学读书，论起来还是德鸿的表叔，陈爱珠觉得有人可以照顾儿子，比较放心。这也是作母亲的用心。

这是沈德鸿第一次离家远行，心里充满了好奇。湖州距乌镇有百里之遥，陈爱珠特别不放心，带着德济一直送到小火轮上，千叮咛万嘱咐：用心读书，注意身体，凡事谨言慎行。

在小火轮离开码头的瞬间，沈德鸿一边挥手向母亲告别，一边心头浮现出一丝不安。这毕竟是初次离开母亲羽翼的呵护，独自去体验新的学校生活了。“湖州中学会是什么样子呢？”

◎湖州中学纪念牌

湖州中学就是湖州府立的中学堂，建于1902年，利用原来的爱山书院旧址，加建了洋式教室。这时担任校长的沈谱琴是清末举人，又是湖州颇有名望的士绅。他是同盟会的秘密会员，从不到校理事，但所聘请的教员大都是有学问之人。办学实际上是他为日后的革命活动所做的一种准备，当然，这是沈德鸿后来才知道的。

到了湖州中学，沈德鸿原想插班考入三年级，但他把算术题全答错了，只能插入二年级。从此，湖州中学的生活给沈德鸿大大开阔了眼界，知道了许多原来不曾听说过的事情。

国文课的杨笏斋先生给学生讲授的是《古诗十九首》。左太冲的咏史诗和白居易的新乐府，比沈德鸿在植材学校所读的《易经》有趣味得多。杨先生特别推崇《庄子》，以为是最好的古文，就从《庄子》中选出若干篇作为教材，讲授庄子文章的精妙。沈德鸿这才第一次听说先秦时代有那么多的“子”，而在植材学校时，他只知道有《孟子》。

地理在沈德鸿头脑里一直是门枯燥无味的课程，但湖州中学的地理老师却能把枯燥的山山水水和丰富的历史人文知识——古战场、古代名人，结合起来，形象地在课堂上讲给学生们听。沈德鸿听得津津有味。

学校的体育课也别有特色。除了“走天桥”、“翻铁杆”，还有用真枪训练的枪操。这些枪都是有真子弹的，平日就放在体操器械储藏室里。沈德鸿人还没有真枪高，枪上刺刀后，更显得人矮小了。枪一上肩，沈德鸿就站不稳了。老师喊开步走，他挪上一步，枪便滑落下来，于是成了“曳兵而走”。此后，老师免了他的枪操课。踢足球，沈德鸿也不行。用尽全身的力气，也只能将足球踢上七八米远。所以，同学们在球场上热火朝天地比赛，他就坐在旁边当观众。

湖州中学每个学期都安排一次远足。第一次是去30里外的道场山，去时沈德鸿走不了多远就得歇一歇，腿上像灌了铅，还需同学在一旁扶着走，归途居然也就自己走回来了。

湖州中学的这种体操课和“远足”训练，也就是一种变相的军事操练。在两年以后爆发的辛亥革命中，校长沈谱琴率领着学生军，正是用学校的真枪实弹，光复了湖州、嘉兴两城。

沈德鸿在湖州中学的校园中，不知不觉地感受着一种时代气息的熏染。入学的第二年秋季，学校组织学生去南京参观中国最早举办的博览会——南洋劝业会。沈德鸿高兴极了，马上报了名，并且给母亲发出一封信征求同意。信上说：“……去南京参观‘南洋劝业会’需交费十元，我身边尚有十来元，是母亲所给下半年的零用钱，如母亲不同意我去参观‘劝业会’，就用这零用钱抵账吧。”

他没想到，出发的前夕，收到了母亲寄来的信和十块大洋。母亲在信上叮嘱道：“你在南京看到喜欢的书，或其他东西，只要手头的钱够，可以买下，日后我再寄钱。”

为让德鸿广见博识，陈爱珠是不在乎花钱的。钱不论多少，要用对地方。

举办“南洋劝业会”的创意，是因为南洋各地有许多拥有大资产的爱国华侨，他们想为祖国发展工业尽其所能，于是办一个“劝业会”来招揽他们投资办厂，传授工业管理和技术的经验。当时由两江总督端方、江苏巡抚陈启泰奏请获准，官商合办的。“劝业会”场地修建用了两年时间，展览会设有教育、工艺、武备、农业、器械、卫生等诸馆，以及一些省设的馆，共有数十个之多。

沈德鸿他们用了三天时间仔细地观看了各个馆。他对馆内展出的丰富多彩的实物大为赞叹，第一次感性地知道了祖国是那样地大物博，有着发展工业的无限前途。由此，他进一步领悟到父亲、母亲希望他学实业的苦心孤诣。

从南京返回湖州后不几天，从不到校亲自视事的校长沈谱琴来到学校，集合全校师生，宣布了一个决定：聘请曾在多国出任外交官，通晓世界大事，学贯中西的钱念劬先生代理校长一个月，提出学校应兴应革的方略。这是沈琴谱力图进一步改革教育之举。

钱念劬曾随政府代表团出使欧洲，先后在驻俄国、法国、意大利、荷兰等国使馆任职，受到西方资产阶级自由民主思想的影响。代理校长后，他将这样的理念体现在自己的教学活动中。钱老先生安排了一些具有新思想的人作代课老师，取代那些因不满他的批评而罢教的旧派教师。代课老师中就有后来在新文化运动中的风云人物钱玄同，当时他单名一个夏字。

钱老先生亲自执掌教鞭，教学生们作文。沈德鸿以前上过的作文课都是由先生出题，讲题，学生作，钱先生却不出题目，让学生自己命题，立意，只管去写自己喜欢做的事、想做的事，或是喜欢做怎样的人。一下子，做惯了先生命题的史论或游记的学生们，都茫然无措，不知从何处下笔。

沈德鸿也有同感。随自己意去写，看似容易，反而像老虎吃天，无处下爪，急切之中想起杨老师讲过的《庄子》中的寓言，决定模仿着写一篇寓言，遂写下一篇《志在鸿鹄》，借鸿鹄自诉抱负，因为自己名字中也有个“鸿”字。第二天作文发下来，钱老先生不但给沈德鸿的作文加了许多圈、点（先生认为好的句子加点，更好的加圈），而且批下一句话：“是将来能为文者。”老先生果然有眼力。

钱老先生那时借住在湖州陆家花园，这里曾是江南著名藏书家陆心源的花园。钱老先生邀请全校同学去游玩，而且亲自引导大家游园，还找出许多欧洲国家的风景画册给学生们观赏。这让沈德鸿大开眼界，也从这种新派的师生关系中呼吸到民主、平等的空气。

给沈德鸿他们代国文课的钱夏，在课堂上教授史可法的《答清摄政王书》、《太平天国檄文》、黄遵宪的《台湾行》、梁启超的《横渡太平洋长歌》等文章，向学生们灌输“扫除虏秽，再造河山”的爱国主义思想，让沈德鸿他们觉得耳目一新。

一个月后，钱老先生和代课的老师们走了，但他们带来的新理念已经在湖州中学的师生中产生了影响。沈德鸿和同学们要求重新回校上课的杨先生讲些新鲜的内容，他还问杨先生：“讲些和时事有关的文章，不知有没有？”

◎湖州飞鹰塔

杨笏斋历来主张“书不读秦汉以下，骈文是文章之正宗；诗要学建安七子；写信拟六朝人的小札”，当然讲不了和时事有关的文章。但他也改变了所坚持的“书不读秦汉以下”的说法，从复社首领张溥编选的《汉魏六朝百三家集》中选讲可以古为今用的文章。他还学起钱念劬批作文卷子时不改学生的文章，只圈点好坏的方法。

杨先生以骈体为文章正宗，所以也教沈德鸿他们学作骈体文。沈德鸿写过一篇叫作《说梦》的作文，有情节，有人物，有对话，富于想象力，已显露出文学的潜能。杨先生给他的批语是：“构思新颖，文字不俗。”

这一年的寒假过后，学校里发生了一件让沈德鸿很气恼的事情，让他决心转学。学校一年级有个年纪在20多岁的学生，身材高大，力气也大，但嗓音尖尖，像个女人，盛夏之际也不脱衣服，同学们说他是个两性人。这个学生偏又喜欢与年龄比他小的同学玩耍，沈德鸿即是其中之一，这就引来一些调皮的同学总盯着沈德鸿说些低级下流的话。沈德鸿又气又恼，课也听不好，但又没办法，所以想离开这个环境。

转学的想法其实早在寒假时就有了。那时沈德鸿的叔叔沈凯崧回家度假，说起他就读的嘉兴中学的好处：教师与学生平等相处，宛如朋友，英文教师都是毕业于上海圣约翰大学。德鸿听了就很动心，比较湖州中学的英文教师连音都读不准，舍监专横无比，他就有了转学的念头，只是没有对母亲提起。这次加上校园里不愉快的生活，他坚定了转学的想法。

读完三年级的暑假，沈德鸿回到家中告诉了母亲决定转学嘉兴中学的想法。陈爱珠得知原委后，特意请来沈凯崧，询问嘉兴中学的情况。当她听到沈凯崧说，嘉兴中学的数学教师学问好，教法也好，当即便同意了儿子转学的决定。她心中念念不忘的，还是丈夫希望儿子学理工科的嘱托。

暑假过后，沈德鸿随凯崧叔走进了嘉兴中学。转学很容易，他把在湖州中学的成绩单拿给学监看，学监点头同意就行了。

嘉兴处于杭嘉平原的腹地，物产丰饶，风光秀丽。城南有著名的南湖，又名鸳鸯湖，可与杭州西湖媲美。湖中小岛上有建于五代的烟雨楼，飞檐斗拱，古木参天，是江南的名胜古迹。乾隆下江南时，路过此地，总要登楼览胜，留下一块题有“六龙曾驻”的匾额和题诗的御碑。

嘉兴中学校址在嘉兴城里小西门内，分南北两院，南院是原鸳鸯书院旧址，北院为旧秀水县署旧址。来校之前，沈凯崧就告诉德鸿，嘉兴中学的革命党多，校长方青箱和大部分教员都是革命党人。学生有很多人剪了辫子，沈凯崧自已也把辫子剪了。他说的“革命党”就是孙中山领导的同盟会。

一进校，沈德鸿果然看到许多光头。校长方青箱倒是拖着一条辫子，同学说那是假辫子，因为他常要去官府打交道，不得不装上一条假辫子。几位国文老师朱希祖、马裕藻、朱蓬仙也是革命党人，但他们课上并不公开讲授反清的内容，反而教的是些古书。朱希祖是后

◎嘉兴中学校门

来文学研究会的发起人之一，他教的《周官考工记》和《阮元车制考》，专门到了冷僻的程度。马裕藻讲授《春秋左氏传》，只涉及春秋时期的历史。朱蓬仙教的修身课是自编讲义，最爱用《颜氏家训》作集句，似乎寓有什么深意。总之，这些革命党人教师，给沈德鸿的感觉是真人不露相。教几何、代数、物理、化学的老师更不用说了。只有剃了个和尚头的体育老师，因后脑有块隆起，被代数老师当众称作“反骨”，所以不怕露相。中秋节那天，他与沈德鸿等学生们一起饮酒赏月，喝得痛快，谈得也痛快，他当着学生们的面，拍拍自己的反骨道：“快了！快了！”说罢仰天大笑。

时局确实正在山雨欲来之际。嘉兴中学的老师们不时到住在城里的老革命党人范古农府上，以听讲佛经为名，会见外地来的革命党人，互通消息，讨论起义的方案。

中秋之后不久，终于传来武昌起义的消息，全校立刻轰动起来。辛亥革命的浪潮迅速席卷浙江各地，学校老师中的许多革命党人都投身到光复杭州、嘉兴等地的战斗之中，学生们也自动组织起来每天去火车站买当天上海的报纸，将报道革命的消息张贴在校内的墙上。沈德鸿和他的同学们都“无条件地拥护革命，毫无犹豫地相信革命一定会马上成功”。

但是不久，学校的空气紧张起来，因为一时的社会秩序混乱，学校领不到经费，不得不提前放假。放假的当天，传来杭州光复的消息，参加战斗的革命党人中就有沈德鸿的数学老师。沈德鸿是怀着兴奋与激动的心情回到乌镇的，走进家门时他喊出的第一句话是：杭州光复了！

乌镇也被革命浪潮波及到，驻守在镇上的旗人已经悄悄溜走，年轻人结伴到庙里向和尚发难，攀上供桌在菩萨像上涂抹粉笔。

很快学校又通知开学了。回到学校的沈德鸿发现，校长方青箱担任了嘉兴军政分司，几个是革命党人的老师也都另有高就，学校新来了一位学监。这位学监借整顿校风，限制学生的自由。这让沈德鸿他们气愤无比：革命虽已成功，他们却失去了以前都曾有的自由。于是，他们就有意给学监捣乱，学监则利用手中的权利以给学生记过威慑学生，沈德鸿也被记了过。

学生们当然不服，以各种方式进行反抗。沈德鸿找了一只死老鼠装在信封里，在封套上题写了《庄子》中“鸱得腐鼠”的寓言，放在学监的办公桌上，借《庄子》寓言讥讽学监，发泄心中的不平。大考完了以后，沈德鸿、沈凯崧和一帮同学去游南湖，在烟雨楼以酒浇愤，然后借着酒力一同找到学监质问他：“凭什么记我们的过？”

寒假回家时的沈德鸿，心情已经与两个月前大不相同。兴奋、激动是早已没有了，代之而起的是失望与愤愤不平。让他更没想到的是，回到家中半个月后，收到学校寄来的一纸通知——给他以“除名”的处分。

通知是陈爱珠先看到的，当然十分生气，立即叫来德鸿，把通知甩给他，厉声问道：

“你在学校干了什么坏事，竟得个除名的处分？”

“没干什么。”

沈德鸿只是连声否认，没有提反抗学监的事，母亲自然不信，马上派人请来沈凯崧。

沈凯崧进屋，不等陈爱珠开口，便掏出一纸相同的通知给她看，原来他也“荣获”除名的处分。沈凯崧接着把他们在学校里经历的事情原原本本讲述了一遍。

陈爱珠听罢，气立刻就消了，说道：“既然是反对学监的专制作风，方式虽有些不当，却不为过错。这样的学校不上也罢，只是今后你们到何处去读书呢？”

德鸿和凯崧都还没来得及考虑此事，所以一时无话可答，但湖州中学德鸿是坚决不去的。

“可也是，这事得仔细想想。”陈爱珠接着说道：“去何处读书，一时倒不忙，正在假期里，只是将来在年份上不能吃亏，德鸿你得考上四年级下学期的插班生。”

一场沈德鸿“毫无犹豫”地相信会“马上成功”的革命风暴，转瞬之间烟消云散。他在风暴之后抓在手里的，只有那一纸“除名”的通知单和深深的失望。

五　少年不欲作“陋儒”

在假期期间，沈德鸿和母亲反复考虑，也没能确定投考哪所学校，最后沈德鸿决定去杭州闯一闯，虽然没有一定的目标，但杭州有两三个中学可以选择。母亲不放心德鸿一人出远门，家里纸店的经理说，杭州一家多年往来的纸行有熟人可以关照，母亲这才同意。

沈德鸿到杭州以后，顺利地考上私立安定中学，插班进四年级。这所中学的校长是杭州城里一个大商人，他想洗刷被世人讥笑的铜臭气，兴办了这所中学，并且重金聘请来杭州最好的教员。沈德鸿的国文教师，历史、地理老师都是满腹经纶的学者，物理、化学老师则是留日学生。

◎杭州西湖

国文老师张献之诗词功底特别好，人称“钱塘才子”。他是秀才出身，但兼通新学，还精通日语，曾翻译有《十九世纪外交史》等书。张献之在课上专教沈德鸿他们填词作诗，从练作对子的基本功开始训练，他出上联，让学生对下联，然后当堂改评。他把杭州风景名胜之地的名联拿来作教材，评点长短优劣，引导学生鉴赏品味。沈德鸿从张老师的讲授中打下了很扎实的旧体诗词基础，也学习了不少鉴赏、批评的知识。这对于他日后从事文学批评大有裨益。

另一位杨老师，从一开课就让沈德鸿感到惊异，很快便产生了浓厚的兴趣。杨老师讲授中国文学发展变迁的历史。他从诗经、楚辞、汉赋开始，经六朝骈文、唐诗、宋词、元杂剧、明前后七子的复古运动、明传奇，直至桐城派古文和晚清的江西诗派，把一条中国文学发展的历史脉络勾划得清清楚楚。这让沈德鸿一下把此前学过的古典文学作品和文史知识融会贯通起来，初步打开了他的文学史视野，形成了文学史的观念。杨老师讲课的方法也特别，在黑板上只写人名、书名，每日讲一段，让学生做笔记，他给改正，记得不全的，还给补上。沈德鸿开始做笔记，无论如何赶不上杨老师的口授，后来采取强记的办法，只记黑板上的人名、书名，课后靠记忆默写下老师讲课的内容，居然也就能记下十之八九。这大大增强了他记忆的能力。

1913年夏季，沈德鸿从安定中学毕业了，他面临选择方向的问题。升学或者就业的选择，仍然有来自家庭内部不同意见的压力。

陈爱珠心里其实早有一个安排好的计划。她母亲当年给她的1500

元钱一直存在钱庄上，到此时连本带息已有7000元之数。她把这笔钱一分为二，作为两个儿子读书所用的专款。3500元钱还够沈德鸿再读三年书。陈爱珠认为，既然当初让德鸿读中学而不选师范，就是为进大学的，现在中学毕业，当然要考大学。有陈爱珠认定的决心，又有她谋划好的财力支持，家中的长辈也就无话可说了，反正用不到家族里一文钱。

陈爱珠自己订有上海的《申报》，上面广告栏中登有上海、南京的大学和北京大学在上海招预科生的广告。陈爱珠权衡再三：3500元仅够三年的学费，卢鉴泉此时正在北京的财政部工作，因了这两点她决定让德鸿报考北京大学预科。这样经济上可以供得起，又有人可以关照只身在外的儿子。

陈爱珠总是事前把一切考虑得周到妥贴，但她却有一点没想到，而这一点恰恰决定了沈德鸿今后的人生道路。

沈德鸿在7月下旬到了上海，到了报考时才得知北大预科是分一、二两类的。一类预科将来进本科的文、法、商三科，二类预科将来进本科的理工类学科。报一类预科主要考国文与英文，二类预科则必考数学，沈德鸿的数学一直是弱项，他自知不行。这时再询问母亲的意见显然已经不可能了，况且他自幼的秉性是喜文史而远数理，这同父亲很不相同，而且心中已经有一个要做文学家的梦想。所以沈德鸿平生第一次按照自己个人的意志做出了重大的选择：报考一类预科。虽然这意味着违背父亲要自己学理工搞实业的遗愿，意味着没有事先征得母亲的同意就确定了今后所要走的路。但人生价值的体现，“大丈夫当以天下为己任”的鸿图大志，应该是有不同的途径和方式去追求和实现的。

◎考取北京大学预科的沈德鸿

当然，沈德鸿做出这样的选择也并非单纯出自个人的意志，这种个人意志实事上包含在一个时代趋势的走向中。

实业救国的确是清末面对日益衰败的国运，许多爱国志士认定的一个强国富民的选择，它代表了一个时期的历史动向。但是从变法维新到辛亥革命后的社会现实，使许多志士仁人渐渐认识到，单靠兴实业是不可能彻底解决中国的问题的。政治革命、普遍的社会革命，才能使旧秩序统治下的中国走向新生，而这需要国民的思想启蒙。因此，许多原来抱有实业救国思想的先进的知识分子转而投身于从事思想启蒙的工作。这正是新文化运动兴起的历史背景。

北大一类预科的考试，对于国文和英文知识的功底都很扎实的沈德鸿来说，应付裕如。考完之后，他还有兴致游览了上海的城隍庙，然后返回乌镇等消息。

陈爱珠知道儿子自己选择了文科，倒也并不十分意外。儿子自幼的秉性和兴趣所在，她当然了如指掌。虽说丈夫有所嘱托，但也不能因此束缚了儿子一生的发展，今后的路得他自己去走。能把德鸿送进大学，造就成才，也算是了却了丈夫的遗愿。况且还有小儿德济呢，德济的数理成绩一直是很好的，这方面大概受之于丈夫的多些。

此后，沈德鸿每天最重要的一件事，就是看《申报》的广告栏，新生的录取名榜将登在那里。这样悬着心大概有一个月，录取名榜终于登出来了，反复看了几遍，没有“沈德鸿”三字，但有一名“沈德鸣”。母亲猜测是因为“鸿”、“鸣”二字字形相似，故而报社搞错了，但一家人的心里毕竟不踏实。幸而几天之后，学校的录取通知书到了，悬着的心这才放下来。

8月中旬，沈德鸿再到上海，从这里乘船北上天津，然后转乘火车到达北京。

在北京大学预科，沈德鸿开始了一个与以往大不相同的生活。北方的天空比时常阴雨的故乡似乎显得更高更远，北京大学里自由、开放和追求真理的空气，比中学里那种循规守矩的沉闷氛围更开阔人的思想。

预科的学生宿舍分两处，一处在北河沿的译学馆，一处在沙滩，沈德鸿住在译学馆。这是一幢两层洋楼，每个房间设十几个床位，每个人都用蚊帐和书架为自己围成一个独立的小天地。蔡元培那时还未到北大，校长是留学美国的胡仁源。教授们则是中西皆有，洋人为

◎北大一院正门

多，思想观念各不相同，可谓是个古今通用，新旧兼容的状态。

教历史课的陈汉章给沈德鸿留下深刻的印象。陈汉章是清末经学大师俞曲园的弟子、章太炎的同学，在北大还未更名京师大学堂时就被聘为教授。但他因京师大学堂毕业后可钦赐翰林，宁愿做学生，由此出了名。辛亥革命推倒皇帝，打破了他的希望。陈汉章自编讲义教授中国历史，把西学中的声、光、化、电诸科，考证为中国先秦诸子的书中早已有之。他以《列子》上的飞车谓为欧洲的飞机，自豪地宣称：那时的欧洲还在茹毛饮血的时代呢！沈德鸿觉得这未免太牵强附会，下课时便议论了一句："这不过是发思古之幽情，扬大汉之天声而已。"陈汉章听见了，把沈德鸿找到家中谈话。他说之所以这样讲，意在打破时下全国普遍存在的崇拜西洋，妄自菲薄历史的颓风。他还特别告诉沈德鸿，校长胡仁源即是这样的人物。这一番解释，让沈德鸿深深感受到老先生那股强烈的民族自尊心、自豪感和爱国主义的激情，他不由得肃然起敬。

教国文的沈尹默、沈兼士、朱希祖、马幼渔几位先生都是浙江人，年轻而思想进步，人称北大文科由浙江人取代桐城派而兴盛。沈尹默是湖州人，后来与陈独秀、钱玄同一起创办《新青年》杂志，是新文化运动中的先驱人物。他教国文，不用讲义，只指示学生研究学术的门径，博览图书靠学生自己。沈德鸿由此掌握了钻研学问的基础。譬如关于先秦诸子，沈尹默只教沈德鸿他们读庄子的《天下》、荀子的《非十二子》、韩非子的《显学》三篇，启发他们从中了解先秦诸子各家学说的概况及其互相攻讦之大要。这既指导了学生怎样读书，又培养了他们思维的方法和思辩的能力。沈尹默还为沈德鸿他们讲授如何辩析古文的真伪，引导他们系统学习中国古典文论……这些学习，使沈德鸿从安定中学杨先生那里获得的文学史的视野和知识更加开阔，更加系统，更加丰厚。

北大的教授中外籍人多，虽然水平参差不齐，但沈德鸿在这里受到西方文学的洗礼。中学时代的英文课主要是学习语言，北大的英文课则是直接学习文学作品。司各特的《艾凡赫》、笛福的《鲁宾逊飘流记》都由专任的教师讲解。沈德鸿最喜欢一位年轻的美籍教师讲授的莎士比亚戏曲。这位教师不但讲《麦克白斯》、《威尼斯商人》、《哈姆莱特》等作品，还教学生用英文写论文。沈德鸿的英文水平也因此大为提高。此外，德鸿还第一次学习了《世界通史》，选修了法文。

母亲不时会有信来，她当然放心不下一直在自己呵护下长大的儿子。但路途太遥远了，所以她嘱咐德鸿寒假不必回家，可以去卢表叔那里。

平时的周日，沈德鸿总是到卢公馆度过，卢鉴泉得知德鸿寒假准备留在学校，便邀他到家中去住。沈德鸿婉言辞谢了，因为同宿舍的江浙两地同学大都不回家。他只向卢表叔借来二十四史读，卢表叔一直很器重他，曾告诉他二十四史是中国的百科全书。这样几个寒假下来，沈德鸿不但浏览过一遍二十四史，而且精读了《史记》、《汉书》、《后汉书》、《三国志》这四史，收获很大。

在北大预科的生活是平凡的，每日的读书学习又是繁忙的，沈德鸿觉得日子一天天过得飞快，三年的预科学习即将结束了。

但是在这几年中，中国社会进入一种更加动荡、混乱的状态，仿佛黎明前的暗夜，更显得黑沉沉的。窃取了辛亥革命成果的袁世凯做起当皇帝的梦，上演了复辟封建专制皇权的闹剧，卖国求荣的

◎北大红楼

“二十一条”更促使中国进一步殖民地化。

一心埋头读书的沈德鸿，并非没有感受到这种时局维艰的现实，所以他才对这三年的预科生活有了如此感受：“我还是我，除了多吃些北方的沙土，并没有新得些什么，于是我也就厌倦了学校生活了。”这似乎与那段“几乎将我拖进了几千年的古坟里去”的中学生活相比，没有发生多大变化。其实并非如此。这些变化积聚在沈德鸿的身上，既有学识上的积累，也有体认现实、思考人生的积累，他不再是中学时那个“恂恂小丈夫”，只知“革命”二字，连最起码的革命史常识都没有的懵懂少年。这种积累起来的变化，已经为他走进社会，真正开始人生行旅，做好了充分的准备。

沈德鸿在北大预科学习的最后一个学期，大半个中国掀起了讨袁护法的“二次革命”，袁世凯被迫取消帝制。就在沈德鸿准备最后一次大考时，袁世凯死了。7月份，结束了北大生活的沈德鸿踏上了南下返乡的旅途。

与此同时，母亲陈爱珠已经在为儿子的前程运思谋划了。她只能为德鸿的读书生涯划上一个句号，如果德鸿还想继续求学，就得靠他自己奋斗。但是她相信德鸿已经具备了自立就业的能力，她所要做的，就是帮助儿子选择安排一个她认为理想的职业。

六 从水乡踏进大上海

1916年8月初，沈德鸿只身一人从水乡小镇踏进大上海。年届弱冠，他也像社会上文人之间通行的以字相称一样，以雁冰名世。沈雁冰不再是家里人总称呼的那个德鸿小儿了，他真正迈出了踏上人生大舞台的第一步。

上海滩上的人，无论干什么的，大都自觉不自觉地把其他地方来的人看作乡下人，以显示他们城里人的优越感，这会让初来乍到者很反感。不过上海作为那时东方最大的都市，的确有许多可以自傲之处，譬如，那个执近代中国出版业之牛耳的商务印书馆。8月初的一天早上，沈雁冰这个水乡小镇的青年，怀揣着一封推荐信，颇为自信地走进位于河南路上的商

◎旧上海街景

务印书馆发行所。

在发行所营业部里，沈雁冰向一个营业员打问总经理办公室在哪里。那个营业员正忙着售书，头也没抬，只把嘴往上一努道："三楼。"循着营业部后面一个楼梯，沈雁冰刚要迈步往上走，就被人拦住问他干什么。他答说要见张总经理，那个拦住他的人用十分轻蔑的眼光把这个学生模样的青年上上下下打量了一番，冷冷地说道："你在那边等着吧。"

"不能等，我有孙伯恒的介绍信。"沈雁冰很看不惯这个人的作派，也冷冷地回了他一句。

一听到"孙伯恒"三个字，那人立刻转成一副笑脸，很客气地问："是北京分馆的孙经理吗？"沈雁冰也不答话，从怀里掏出印着"商务印书馆北京分馆"红字的大信封在那人眼前一晃。那个人变得更谦恭了，颔首示意说："请，三楼另外有人招呼。"沈雁冰昂首挺胸，稳步向三楼慢慢走去。

三层楼梯不算高，但走上商务印书馆的三层楼梯，意味着沈雁冰从此踏上了一条毕生从事文学、文化事业的漫漫路程。当然，沈雁冰此时没有想到那么远，为他写推荐介绍信的孙伯恒，也没有料到他把一个很快将要在新文学、新文化运动中叱咤风云的青年送进了商务印书馆。

其实，沈雁冰走进商务印书馆的大门，缘出于一个带着偶然性的机遇。他既不认识为他写介绍信的孙伯恒，更无缘认识他将去面见的商务总经理张元济，甚至不过就是一年多以前，还在北京的时候，表弟与他说起孙伯恒同他的表叔卢鉴泉的关系，他想都没想过自己会与孙伯恒，与商务印书馆发生关系。

◎商务印书馆

从北京大学预科毕业后，下一步的人生之旅将如何迈步，青年沈雁冰还显得有些茫然无措，这个需要做出的抉择似乎来得早了些。尽管他在知识、文化准备上已经具有了扎实的根底，也许因为此前他人生的每一步，都有母亲在那里操心、扶助，所以在北京大学读预科的三年中，对于这个问题他还没来得及考虑。

继续读书是不可能的了，家中已经没有财力供他上学，只有就业。但选择一个什么职业才能投己所好，而且可以有所作为呢？父亲当初的希望，是让自己学习理工，以一技之长安身立命，以发展实业富国强民。自己没有学理工科而选择了文科，这是自幼的习性、偏爱、所学决定的，所以在赴上海应考北京大学预科时，没有遵从父亲遗嘱报考将来进理工科学习的第二类，却考进了将来是要进文、法、商三科的第一类。这虽然违背了父命，但却是从自己个人自由意志做出的选择，父亲反复叮嘱的“大丈夫当以天下为己任”这一点，自己是片刻也没有忘记的。

事实上，学习理工与“大丈夫当以天下为己任”也并不一定就有必然的逻辑上的因果关系。父亲的遗训中包含了对于个人与社会、家与国之间亦进亦退，进退自如的考虑。学有一技之长，进可以“以天下为己任”，退可以国内外随处“谋生”。所以，只要心存着“大丈夫以天下为己任”的志向与抱负，学文史仍然可以有所作为。况且“以天下为己任”这种信念本身，就包含着强烈的道义感、社会责任感和浓重的政治意识，它正可以为学文者引领着去大展身手。关键问题只在于选择一个什么样的职业去肩担天下。

以沈雁冰的父亲与表叔卢鉴泉的关系，和卢表叔一向对他的器重，若托表叔在银行界谋个职位，捧上金饭碗，应该是易如反掌的事。雁冰的二叔和乌镇老家几个亲戚的孩子，都是由卢鉴泉推荐，进入银行界做事的。但是沈雁冰对此毫不感兴趣。回家乡去当个教师呢？又觉得那里生活的空间过于狭小，眼界过于局促，难以伸腿展臂地实现心中的志向……

沈雁冰就是带着这样的茫然，踏上从北京返回家乡的旅程的。他不知道，就在此时，母亲已经在为他的就业之事运筹帷幄了。

陈爱珠先请公公沈恩培给卢鉴泉写了一封信，托咐他给孙子德鸿找个职业。随即，她自己也给卢鉴泉寄去一封亲笔信，特别嘱托他不要为德鸿在官场和银行里谋事。因为她知道，在财政部里任公债司司长的卢鉴泉，如果给自己的表侄儿找职业，在银行里谋个事是最方便不过的，在政府的哪个衙门里谋份差，也非难事。在关乎儿子前途的选择上，陈爱珠在丈夫生前就与他不谋而合，不愿让儿子走“学而优则仕”那条中国历代文人一直走下来的老路，不想让儿子一生跌入变幻莫测的宦海沉浮。沈永锡一生都对八股举业不以为然，临终前极力要求儿子学习理工，实际上就包含着这层意思。陈爱珠深明这一点。至于在银行里与金钱打交道，这原本就与以岐黄传世的陈家格格不入。

等沈雁冰从北京回到乌镇家中，母亲立即把请卢表叔帮助找职业的事告诉了他，这时是7月底。母亲让他做好在家闲居半年的准备，可以读些书，因为在官场和银行之外，卢表叔不一定能为他很快找到合适的工作。

然而，母子两个都没有料到，刚进8月初，他们就收到卢鉴泉的回信，信中附有孙伯恒写给商务印书馆总经理的推荐信，并嘱表侄儿赶快去上海见这位张总经理。于是有了前边那一幕。

卢鉴泉能很快为沈雁冰联系到去商务印书馆的机会，不是因为他与商务北京分馆的经理孙伯恒有什么私交。当时孙伯恒正想方设法巴结任公债司司长的卢鉴泉，希望能够以商务北京分馆拥有的京华印书局承印政府不断发行的大量公债券。卢鉴泉则正为如何办妥沈老太爷

桂枝香 為商务印书館建立八十周年纪念作 茅盾

維新大業，数出版先驅，堪推巨擘。世事白雲蒼狗，風濤蕩激。順潮流左右應付，穩度过，艱難陡險多。曾開風气，影印善本，移譯西哲。憶往昔魚龍混雜，斷小人嚣張，君子緘默。學術傳播正路，險墮邪僻。人民革命換天地，紅太陽普照無極。工商改造，舊瓶新酒，願長青冽。

一九七七年九月杪于北京

◎茅盾晚年为商务印书馆成立80周年所作的词

的嘱托而又能满足表嫂的愿望想办法。他觉得商务印书馆对于表侄儿是个理想去处，因此一经向孙伯恒提出，两个人一拍即合。孙伯恒立即亲笔为沈雁冰写了一封给总经理张元济的推荐信。

对于商务印书馆，沈雁冰并不陌生，这是当时中国最具实力的新式出版印刷企业。他所要面见的总经理张元济，卢表叔特别在信中提到，此人前清翰林出身，是商务印书馆的创办人之一。

沈雁冰想着这位翰林出身的总经理将会是怎样威严的时候，已经上到三楼。门口设一长方桌，又有一人守在那里，见了沈雁冰就说：

"先登记。姓名？"沈雁冰说出自己的名姓，"沈"、"德"二字那人即刻写下，"鸿"字却不知是哪个字，便问：

"三点水共字的洪吧？"

沈雁冰回答道："不是。是燕雀安知鸿鹄之志的鸿。"

那个人直摇头，表示不知所云。

"是翩若惊鸿的鸿。"沈雁冰又说。

那人只是睁大了眼，盯着他看。旁边有等候传见的人提示说："是江鸟鸿。"

管登记的人才恍然大悟，埋怨道："说江鸟鸿人人都懂的，你偏不说。办什么事？"

沈雁冰听了，真是哭笑不得。他从口袋里掏出那个大信封递过去，登记的人接过去一看，霍地站起来，笑容满面地说："我马上去传达。"

◎张元济

见到总经理张元济之前先遇到的这个小插曲，给沈雁冰留下的印象确实不怎么样。这不像个有文化的斯文之地，倒有点官场里那股味道。后来他才了解了，商务印书馆内也是个变相的官场。不过，第一次见到的张元济，却给他留下很好的印象，他在晚年所写的回忆录《我走过的道路》中真切地记下了这次见面的情景：

我见这间总经理办公室前面一排窗，光线很好，一张大写字台旁坐着一人，长眉细目，满面红光，想来就是张元济了。两边靠墙都有几把小椅子（洋式的，圆形，当时上海人称之为圈椅，因为它的靠背只是一道木圈），写字台旁边也有一张；张元济微微欠身，手指那个圈椅说："坐近些，谈话方便。"我就坐下。张先问我读过哪些英文和中文书籍，我简短扼要地回答了，他点点头，然后说："孙伯恒早就有信来，我正等着你。我们编译所有个英文部，正缺人，你进英文部如何？"我说："可以。"张又说："编译所在闸北宝山路，你没有去过吧？"我表示不知道有什么宝山路。张拿起电话，却用很流利的英语跟对方谈话。我听他说的是："前天跟你谈过的沈先生今日来了，一会儿就到编译所见你，请同他面谈。"打完电话，张对我说："你听得了吧？刚才我同英文部长邝博士谈你的工作。现在，你回旅馆，我马上派人接你去宝山路。你住哪个旅馆？"我把旅馆和房间号码都说了，张随手取一张小纸片记下，念一遍，又对我说："派去接你的人叫通宝，是个茶房，南浔镇人。你就回旅馆去等他吧。"说着站了起来，把手一摊，表示送客。我对他鞠躬，就走出他的所谓办公室。

沈雁冰笔下的这次见面，是一次平平常常的见面，连叙述的语言都是那么平实。但是在平实的叙述中，一个谦和平易、细致周到的忠厚长者，和有条不紊、精细干练的经理人形象跃然而出。这与沈雁冰之前见到的几个形象判若天地云泥之别。对于一个初出茅庐，刚刚踏入社会的青年学子来说，第一次就职就碰到这样一位顶头上司，无论他此前是怀着忐忑不安的心情还是挟着初生牛犊之势，这时一定都会觉得放松了，踏实了。

当然，沈雁冰能够在这样一种随意、轻松的气氛中面见商务印书馆的总经理，还得说是托了卢表叔的福。不然他不会越过已经等在那里候见的几个人，被径直引去见张元济，也未必会得到那么细致的关照。不过，张元济很快就会发现，孙伯恒为讨好卢鉴泉而力荐的这个青年，不是让商务付出了什么，而是得到许多。沈雁冰也很快就会了解，张元济在他初次面见时留下的形象，不是经年历炼的圆熟与城府，这是一位颇有作为、值得人尊敬的长者，正像那间总经理办公室里朴素的摆设一样：墙上不挂任何字画以示风雅，只在大写字台对面置一长几，几上堆满中英文书报。

沈雁冰回到旅馆收拾行李，不一会儿，那个叫通宝的茶房就来了。通宝帮沈雁冰把行李装上一辆漂亮的小汽车，然后招呼司机开车。“这是总经理的车子，出租汽车一时无处找。如果坐黄包车，起码要一小时，那就误了事，是总经理派他的车接我过来，又叫原车送我们去编译所。”通宝一路向沈雁冰做着介绍：“我是南浔人，南浔离乌镇不过十几里路，我们也算同乡了，你到编译所有什么事要办，找我就好了。”

通宝的一番话让沈雁冰颇为惊讶。他没想到总经理让自己的车专门来送他去编译所，真有点受宠若惊了，这肯定是因为卢表叔的原因。他也没想到编译所一个茶房说话的口气竟那么大。后来他才知道，通宝是编译所茶房中的元老，也是头头。编译所所有茶房都是他介绍来的，清一色南浔人。连沈雁冰被安排住进的宿舍也不是编译所建的，而是通宝和他的儿女亲家合股的公司所有。真是人不可貌相!后来他还知道，在商务印书馆里，有许多每天既不编，也不译，只是这里看看，那里聊聊，但拿着高薪的编译。他们都是有特别后台、特别社会背景的，印书馆养着他们，自然也有特别的用心和考虑。这些所见所闻，让沈雁冰觉得既大开眼界，又似乎有些无所适从。母亲专门写了信嘱咐卢表叔不要为自己在官场谋差事，但是这个“知识之府”的编译所，一点也不比官场里简单。

七 在“商务”崭露头角

沈雁冰刚入编译所，被安排在英文部新设立的“英文函授学校”，修改学生们寄来的课卷。学生们的英文程度不高，改卷子的工作十分轻松。这对沈雁冰无疑是大材小用，至少也未尽其材。不过，在英文部里同事之间必说英语，倒让他感觉这是一个很好的机会，甚至喜欢起这里的“怪”氛围了，因为他在北大读书时虽有洋教员，但他的英语口语始终不好，现在在这样的环境里工作，口语能力会提高很快的。

有才华、有准备的人总能很快碰到机会。大概在英文部改卷子改了一个月左右，沈雁冰注意到由商务印书馆编辑出版的，当时正在发行的《辞源》。他发现书中条目所引出处有错认了娘家的，而且引用书目只注书名，不注篇名，这对于使用辞书的人非常不便。于是，他忍不住提笔直接给总经理张元济写了一封信，指出了上述问题。同时，他提出应该多收新出现的词汇，以适应日益发展的政治、经济、科学、文化等领域的需要，建议将来能将《辞源》逐年修改，使之成为真正的百科辞典。

信写好后，沈雁冰将信交茶房通宝，随每日编译所呈送总经理的文件一起送到河南路去了。他写这封信并没有深思熟虑或瞻前顾后想过什么，只不过少年意气的一时冲动，就如平日里看到一本新书，翻开读读，谁都会做几句点评。但是，沈雁冰把他的想法和建议写下了，而且直接写给总经理张元济，又而且，这个张元济是很有眼光、学贯中西的人，所以沈雁冰寥寥二百多字的短信，当天晚上就发生了作用。据宿舍里同事讲，张元济看过信后，当即批交辞典部的人看，然后送交编译所所长核办。

编译所所长是高梦旦，第二天他就将沈雁冰叫去谈话。高梦旦说：“你的信提的意见很好，总经理很看重。他同我商量，你在英文部，用非其材，想请你同我们所里一位老编译孙毓修先生合作译书，你意下如何？”沈雁冰马上表示同意。他相信，张元济、高梦旦这次对他的安排是依据他们对他能力、学识的判断，而不是安排了给什么人看的。不然，尽可以让他改改卷子，每月开薪水便是了。

◎商务印书馆涵芬楼新楼东方图书馆

孙毓修前清末就在商务编译所任职，是高级编译，有点名士派头，自然不大看得起沈雁冰这个小青年。

“我是版本目录学家，专门为涵芬楼（编译所的图书馆）鉴别版本真伪，收购真正的善本。”他向沈雁冰这样介绍自己道，“有闲暇时，也译点书。这里有一部书，我译了三四章，懒得再译了，梦旦先生说的合译，就指这部书。”

孙毓修边说边从桌上杂乱的书中找出一本英文书递给沈雁冰，又从抽屉里翻出一束稿纸，说是他译的前三章，译笔有些与众不同，“不知你以为如何？”他的意思是希望沈雁冰接手，按他译文的形式和特点译下去。

沈雁冰接过原书和译稿，把前三章的译稿和原文对照看了一遍，发现孙毓修的所谓与众不同，是译文使用了很明显的骈体风格，而他翻译的方式取的是意译，也就是林琴南的方式，但译作的水准却不及林译本。看来此老先生的英文水平有限。书也非什么文学名著，不过是一本卡本脱写的名叫《人如何得衣》的通俗读物，曾经列入过欧洲的畅销书排行榜而已，过不了几年就会被人遗忘的。

沈雁冰表示可以接手翻译此书，他说：“老先生的文笔别具风格，我勉力续貂，能不能用，还得老先生定夺。”

见年轻人这样谦恭，孙毓修很高兴，自负地笑笑道：“那就试译一章看看吧。”

只用了三四天时间，沈雁冰就摹仿孙毓修的骈体风格译出一章。

当他把译稿交给孙毓修，并请他“斧削”时，老先生矜持着带点轻视的口吻说道：“真快呀！毕竟你们年轻人精力充沛嘛。”及至他认真看罢译稿，不由得不出自内心地赞叹道：“真亏得你，骤看时竟仿佛出自一人之笔！”他手执笔低吟了半晌，也只改动了三两处的几个字而已。但他把译稿还给沈雁冰时，仍然用前辈先生的口气说：“你再译上几章，会更熟练些。”

这样，沈雁冰每译完一章，就交给孙毓修过目，但他却不看，只忙着做自己版本目录的学问。一个半月以后，书译完了，孙毓修这才不得不匆匆读过一遍，很满意。他把包括自己翻译的前三章在内的译文全稿交给高梦旦。高也不看译稿，就请他斟酌处理。

孙毓修决定立即付排。他回到办公室告诉了沈雁冰，然后问道：“可是版权页上怎样署名呢？用你我合译或是你译我校，何者合适呢？”

沈雁冰听了在心里暗暗想：这老先生可能比较喜欢以“沈德鸿译，孙毓修校”这样的方式署名，这不至于令他觉得与一个年轻人联名合译，似乎是降低了身份。也许还可以让他感觉更好一些……

“只用你一个人的名字就好！”沈雁冰干脆利落的回答，让孙毓修又惊又喜。他没想到这个年轻人还挺豁达，就顺水推舟道：“好，就这样决定。”

沈雁冰在心里对自己说：这又不是什么世界文学名著，译者署名可以跟着沾点光。其实，他这样想着，恰好说明他心里还是有股不平之气。既然如此，又何必自己提出让孙毓修一个人署名呢？是想等孙

第四張　中華民國九年二月四日　時事新報　即陰曆己未十二月十五日　星期三　第一版

評論

對於系統的經濟的介紹西洋文學底意見

（沈雁冰）

社會哲學與政治哲學

杜威講演

◎沈雁冰发表在《时事新报·学灯》的文章

本人提出一个合适的署名方式，自己来确认吧，偏偏孙毓修就来个顺水推舟。

进商务编译所不过两三个月，沈雁冰似乎已经没有初到时径直给总经理写信，直言无讳的那股孟浪了。刚届弱冠之年的他，很快适应了周围的环境，对一切应付裕如。这大概也是他从旁感受母亲调理家内家外大大小小的人事中，无形地，日渐积累地学来的吧。总之，他称得上“老成持重”四个字。

沈雁冰的译文比孙毓修的准确，孙心里明白，在署名一事上沈又主动谦让，这使孙毓修对他有了好感，两人共事时，便也把那种居高临下、自以为是的作派收起了一些。

卡本脱的这本书不是什么大部头，所以沈雁冰在继续翻译这本书关于“食”、“住”部分的时候，还有许多闲暇读《困学纪闻》。一日恰被孙毓修看到了，他大为惊讶，问道：

“你喜欢考据之学？”

“谈不上喜欢考据之学，我对许多学问都感兴趣，是个‘杂’家而已。”沈雁冰回答说。

孙毓修听了更加惊异，问道：“你都读些什么书？”

“我从中学到北京大学，耳所熟闻者，是‘书不读秦汉以下，文章以骈体为正宗’。涉猎所及有十三经注疏、先秦诸子、四史、《汉魏六朝百三家集》、《昭明文选》、《资治通鉴》等，《昭明文选》曾通读两遍。至于《九通》，二十四史中其他各史，历代名家诗文集，只是偶然抽阅其中若干章段而已。”

孙毓修听得瞪大了眼睛，感慨道：“你不过20岁，哪有时间看了这样多的书啊！”

沈雁冰告诉他这些“杂”学并不都是来自学校，也来自家庭。孙毓修恍然大悟：

“怪不得人家说你是张总经理的亲戚，张菊老是海盐的名门望族。”

沈雁冰辩白说与总经理素不相识，孙毓修还有些不信。在他看来，有这么丰厚的读书根底，必定有家世的渊源，所以又问道：

“令尊大人是何出身？”

沈雁冰答说：“我十岁丧父。”

“那你刚才提及的家庭教育，想来是祖父了？”

“不是，是家慈。”

孙毓修默然无语，不再问了。他一定有点自惭形愧：自己半世从事试帖，只青一衿而已。沈家这位女流之辈不但通晓文史，而且教出年少不凡的儿子，实在是不得了。

到了这一年的年底，沈雁冰走进编译所恰好满五个月，会计送来薪水时顺便通知他，从下年初起每月薪水增加6元，是30元了。孙毓修听到了，还为他鸣不平，说是别人一年只译一本书，每月六七十元地拿，你五个月译了两本半书只有30元不到，他们是欺侮你年少。其实他也是借此为自己鸣不平。

沈雁冰自己对这几个月的工作和生活状况是基本上满意的，他的能力和学识在编译所上上下下得到了认可，甚至可以说还为一些人所器重，下边的路就全凭自己去走了。母亲能为自己做的已经都做了。

至于即将加薪6元的事，他没太看重，因为他是只身一人，没有家庭负担。别人拿多少钱，干多少事，那是他们的事，与自己无关。自己在此既不图名，也不为利，图个有条件多看些书，研究点学问。何况据同事告诉他，虽然加薪数只有6元，但进馆工作只有不到半年即能加薪，已属破格优待了。编译所的编译人员，初进所里工作多为24元，熬上10年，也才不过50元之多。沈雁冰还真没有想过要在这里熬上10年，为挣那50元的月薪。他看上了编译所的图书馆——涵芬楼丰富的藏书。

沈雁冰把这些事情和自己的想法都写在信中告诉母亲，还特别说到自己对于商务印书馆的感觉：这是一个“怪物”，一方面似乎广泛搜罗人才，不断多出有用的书；另一方面却是个变相的官场，处处论资排辈，讲人情，帮派之间壁垒森严。

母亲很快回了信，同意他的想法，认为既来之，则安之。特别嘱咐说，家里目前不需要他在钱财上帮助，让他安心读书做学问。母亲还叮嘱他应该给卢表叔写信，报告一下自己进商务编译所以后的情况，毕竟这是卢表叔关照安排的工作。最后，母亲希望他回家过春节。

接到母亲的信已近岁末了。沈雁冰原来没打算一定回家过年，因为盛夏时节才离开家乡到上海来，进编译所工作也才不到半年，可以说刚刚进入状态。不过转念一想，既然母亲希望他回家去过年，这农历新年又历来是中国人最看重的节日，还是回家过年的好，不然母亲也会失望的。于是，沈雁冰赶在年底回到乌镇。

看到德鸿回来了，母亲和弟弟自然十分高兴，年可以过得更热闹一些。家里其他亲戚也过来寒暄问候。在他们看来，在外谋得一份不错的事情做的德鸿，应该是能撑起这个家的大人了，也应该是撑起这个家的时候了。

但陈爱珠并不这样看。虽然一个年轻守寡的妇人拉扯两个儿子，撑持一个家不容易，个中辛苦、艰难只有自己知道，但她还没有想过把肩上的担子卸下一些，让德鸿去承担。她知道德鸿的事业在外面，也希望德鸿在外面把事业做得更好，所以不愿意把他拴在家乡小镇的一隅。她还要把二儿德济也培育成人，她相信自己有这个能力。

不过，这次过年她希望德鸿回来，确实又是有一件关系儿子成家立业的大事需要决定。她还有些拿不定主意，或者说拿不准德鸿会是个什么主意。

◎沈德鸿、沈德济兄弟俩在乌镇

晚饭后，陈爱珠打发德济去他房里做功课，她与大儿子在堂屋里坐着谈天，说了一些上海的见闻后，她郑重其事地问道："德鸿，你有女朋友了吗？"

"还没有。"沈雁冰有些不好意思地回答。

"若是还没有女朋友，这次叫你回家过年，是想顺便把你的亲事确定下来。女家知道你毕业后谋了事情做，说是该办亲事了，已经催过不只一次。"

八 “我不要伊，别人要伊么？”

母亲提起自己的婚姻大事，沈雁冰并没有感到意外，但还是觉得突兀，毕竟他从来没有认真想过这件人生大事。

陈爱珠说的这桩亲事，就是十几年前沈恩培与孔繁林在镇上南货店里订下的那桩娃娃亲。她在前些年就把订亲的经过告诉儿子了。不过此前，沈雁冰一直在学校里读书，没有多想过这件事，总觉得那似乎还是相距很远的事情，所以母亲提起此事，沈雁冰一时语塞，不知该如何回答的好。

陈爱珠以为儿子已经把这件事淡忘了，就又把订亲的来龙去脉讲了一遍，然后用商量的口气说道：

“从前我料想你出了学校后，不过是当个小学教员，至多是个中学教员，一个小镇上不识字的老婆也还能相配。现在你进了商务印书馆编译所不到半年，就做了那么多事，受到重视，今后大概会一帆风顺，还要做更多的事，更大的事。俗话说：人往高处走，水往低处流。这样一来，一个不识字的老婆与你就显得不相称了。这次要你回家，就是想问你，你如果一定不要，我不会强迫你接受这门亲事，只好托媒人去退亲。不过，孔家同意不同意退亲是说不准的，也许就要打官司，那我就为难了。”

听了母亲这番推心置腹的肺腑之言，沈雁冰格外感动。虽然他脑子里还是乱纷纷的，没理出一个清晰的思路，但是他已经掂量出母亲这番用商量口吻说出的话里包含的沉重。他是个孝顺的儿子，这是从小的家教熏陶出来的。父亲英年早逝后，他作为长子，更是时时心存着要为母亲分忧解难的责任感。母亲历来做事干脆、果断，从不拖泥带水；需要决定什么事情的时候也总是拿得起，放得下，没有什么犹犹豫豫、左顾右盼。在这件父亲生前就定下的亲事上，母亲原本也可以不必这样同他商量，拿个大主意，与他商定个办喜事的时间就行了。可母亲郑重其事地征求他的同意，说明母亲不想自己勉强接受这桩亲事，她希望儿子有个幸福美满的家庭。她甚至都做了退亲，乃至打官司的心理准备，尽管那样很困难。母亲为这个家、为自己已经付出了很多，自己现在能在外面独立谋生了，即便不能为母亲和家庭分担多少责任，至少不应该再让母亲为自己的亲事，去承受可能会出现的巨大压力和棘手困难的局面。

想到这里，沈雁冰有些纷乱的头脑里已经理出一个渐渐清晰的思路。自己在北京读书的三年和进入商务编译所这半年，精力和心思全都贯注在读书和事业上，男女之事不是没有想过，但从未作为生活中的大事来想。老婆不识字是个问题，但也未必是个大问题。事业是要自己去做的，不是靠老婆做的。老婆也不是个装饰物，天天带了给人看的，能操持好一个家，就尽了好妻子的责任。再说，孔家女儿嫁过来之后，母亲还可以教她读书识字，她总不至于是个一窍不通的女子吧！要真是那样的话，只能算是命该如此，作为沈家的长房长孙，尽孝而已……

◎沈雁冰在上海

整理完自己的思路，沈雁冰对母亲说：“儿子现在刚刚开始自己的事业，婚姻家庭的事没有想得太多，更没有想自己去交女朋友，还是全凭母亲做主吧。母亲刚才一番话的苦心，我心里都明白。孔家女儿不识字倒也无所谓，反正嫁过来后，孔家再管不到她了，母亲可以亲自教她读书识字，让她进学校读书也可以。”

陈爱珠听儿子说罢，一颗尚悬在半空的心完全放下来：“那就定下来，明年春节办你们的喜事，我过两天回复孔家。”

母亲放心了，沈雁冰不免也有了一释重负的感觉。但是这天夜里，他躺在床上还是想了许多。毕竟这些年出门在外，眼界开阔得多，所闻，所见，所接触的新事物、新思潮，很多给自己留下了深刻的印象，也时时在拨动着自己那颗充满朝气，意欲大有一番人生作为的心。但是扪心自问，他不能不承认在道德伦理观念上，特别是涉及婚姻、家庭问题时，他的思想还是比较传统的，甚至是有些守旧的。

当然，在沈雁冰需要对自己这件关系一生的婚姻大事做出决断时，代表历史进步和时代趋势的新文化运动，还只处在刚刚兴起的阶段，它对传统思想观念发起的挑战和冲击也远未形成蔚为大观之势。沈雁冰从小到大在家庭内所受到的熏陶和从小学、中学到大学所接受的基本教育，还是以儒家思想为核心的传统文化精神，所以，骤然面对婚姻大事，使他几乎可以心无旁骛就予以认可的精神支持，肯定还是来自潜意识中那些儒家文化思想，诸如仁爱的观念、忠孝的意识、自律甚严的伦理感、肩负天下的道德追求，等等。这使沈雁冰是一个十分理性的人，他所有的判断和决定都是基于理性的认可，而不会任由情感的左右。在这一点上，他也很像他的母亲，少年老成。在这一夜里，他想得最多的，竟是这样两个问题：

如果解除了父母的婚约，男人可以另想办法，但是女子又该如何呢？

我不要伊，别人要伊么？

这种略显无奈的想法，简直可以称之为富有自我牺牲精神和具有强烈道德责任感的男子大丈夫气概了。

沈雁冰对于早就由父母之命媒妁之言确定的这桩亲事，并没有感到过于沉重就近乎坦然地接受了，这在1917年初的时候，其实是很平常，也很正常的。只是在后人看来，一个新文化运动、新文学运动的大力倡导者、积极参与者，在婚姻问题上居然如此保守，特别是随着时间的推移仍未改初衷，实在有些费解。这应该是后话。

躺在床上想了很多的沈雁冰，其实还有一个问题没有意识到。不，也许意识到了，但没有上浮到理性判断的层面，即家庭生活的感性体验，也许早就决定了这件“娃娃亲”不会由他那里生出什么波澜。

沈永锡与陈爱珠的婚姻完全是遵从父母之命，明媒正娶的旧式传统婚姻，但这并没有妨碍他们在婚后建立了一个美满的小家庭，虽然这个家由于沈永锡过早病逝而变得残缺不全。同时维系这个家庭的，不只是由婚姻形式所赋予的道德、伦理的戒条、观念，而是夫妻之间相亲相爱的感情纽带和志同道合的思想基础。这一点，是婚后两个人共同努力寻求到的。这一切是沈雁冰从小就耳濡目染，而且习以为常的。父亲母亲之间和谐有致的婚恋关系，自然会将子女笼罩在一种常态的血缘亲情关系中，于是很难设想，子女会对父母结合所经由的方式产生什么反叛的心理。

实际上，父母的相亲相爱和家庭生活的和谐，不断地在向沈雁冰幼小的心灵上传递着一个信息：即夫妻之间感情上的相爱，是可以通过婚后的主观努力逐步做到，而且可以做得很好的。不论他是否意识到这一点，这个信息会储存在他心灵的深处。如果面对的是全社会普遍存在的一种传统婚姻形式，予以评判，那么已经多少接触到新思潮的沈雁冰，肯定会在理性的思索中融进批判的目光。但是，他直接面对的只是自己个人的婚恋问题，那么这个深藏脑海的纯属个人经验的信息，必定会有力地发散出来，在很大程度上影响甚至左右着他的选择。

沈雁冰如果接受这个婚约，他婚后的生活，似乎将会在某种程度上复制他的父亲母亲经历过的婚恋生活，虽不浪漫，但是实实在在，不乏家庭的温馨。当然这也是后话。

还有一个因素影响到沈雁冰对于婚事的决断，就是他对母亲的依恋之情。

幼年丧父，对于任何一个家庭的妻儿都是悲痛万分的事，而悲痛的背后，是母子之间血缘亲情关系无形之中的变化：母亲既要当母亲，又得承担父亲的责任；儿子只剩下母亲一人可以作为心理上、生活上的依靠。虽然背靠一个大家庭，但以陈爱珠的好强和能力，她实际上是靠自己的力量支撑这个家，而且把两个儿子抚育成人。可以说这是一位强势母亲。在这样一位母亲庇护下成长起来的孩子，自然对母亲的依赖和依恋就会多一些。

这并不意味着已届弱冠之年的沈雁冰，还不能离开母亲羽翼的护佑去展翅飞翔，相反，这种已经渗透进性格中的依恋，在这个应该渐渐远离依恋母亲年龄的时期，以更加明显的形态表现出来。不过，它们表现在两个不同的方向上。

在面向外部世界的时候，沈雁冰表现出很强的独立自主意识和应付自如的处世能力。这从他所选择的学业，从他进入编译所以后的种种作为，能够很清楚地看到，像他的母亲。这种相像，正是以精神上依恋为背景出现的结果。

另一方面，在面对家庭生活这个小世界的时候，全神贯注于事业的沈雁冰，似乎还没有做好如何成家的心理准备。古人讲成家立业，齐家治国，把家作为人生起始的基点，沈雁冰当然知道这一点。他之所以没有心理准备，是相信母亲会为自己做好准备，是想依赖母亲为自己解决这个问题。所以，当他们母子决定下这桩亲事的时候，他把教未来妻子读书识字，使其成为一个与自己相称的妻子的希望，又寄托在母亲的身上了。这似乎不大像那个进门才几天，就对商务印书馆大部头的《辞源》一通议论，血气方刚的沈雁冰呢！

天下事就是这么奇妙地组合起来。说是刚柔相济也好，说是正反互倚也罢，沈雁冰就在那么一个普普通通的春节，平平静静地接受了那么一个不起眼的婚姻，一个也许会延续一生的婚姻。

九　两兄弟都有了出息

春节过后，沈雁冰返回上海。这时卡本脱关于如何“食”“住”“衣”的三本书（《人如何得衣》是译本的第一本），已经全部译完，后两本也快要付印了。由孙毓修提议，沈雁冰从先秦诸子、两汉经史子部之书中辑录了一本“中国寓言”。孙毓修撰写了一篇骈四俪六的序言，随后以《中国寓言初编》为名出版。

沈雁冰仍住在编译所的宿舍里，因为四个人使用一个房间，只有一盏电灯高高悬挂在天花板上，无法看书，他就利用星期天大家都出去玩的机会看看书。他到上海快一年了，除了宝山路附近，其他地方从未去过。

商务印书馆的工作日安排，除周日和阴历过年的两天休息外，没有其他假期，生病、有事都算请假，要扣工资，不过一年可以有累计一个月不扣薪的休息，即病假、事假累计不超过一个月，就不扣薪水。如果一年来全勤，且无迟到早退，则年底可额外得一个月的薪水。沈雁冰不想得这份额外的薪水，倒想利用不扣薪的一个月时间回家探望母亲，他就写信对母亲说了。母亲看来已经有了安排，回信让他等到学校都放暑假的时候回去，那时弟弟德济中学毕业，面临升学的问题，母亲想让他回家一起商量这件事。

◎沈德济（沈泽民）

于是7月份，沈雁冰回了一趟乌镇。德济在省立第三中学毕业，还想继续升学，母亲也同意，但想听听大儿子的意见。

德济告诉母亲和哥哥，他从同学那里知道南京前一年开办了一个“水利局河海工程专门学校”，是理工科学校，这个水利局管辖长江下游几个省，他想去报考。据说：“水利局河海工程专门学校”是当时的北洋政府在全国开办的第一所这类的专门学校，准备为全国各地的水利工程和公路建设培养工程人员，毕业后学校负责介绍工作。

沈雁冰看过弟弟在学校的成绩单，他的数学、物理、化学成绩都非常优秀，母亲说德济这几科成绩在全校是最好的。她还对大儿子说道：“按照你们父亲生前的愿望，是想让你们学习理工，你已经选择了文科，这是你的志趣；德济有学理工的愿望，数学、物理的成绩又好，能考进理工科的学校，最好不过了，将来工作也好找，你们父亲的愿望也实现了。”

商量的结果，是决定就投考这所专门学校。沈雁冰说自己现在有能力支援一些弟弟上学的开销，母亲则说不必。当初她给两个儿子分开各得一半的那笔钱，就是留作他们上学读书用的。沈雁冰名下那笔钱，用在他在北京大学求学的三年里，德济名下那笔钱还在，可以供他读完这个专门学校。

“毕业以后谋生就是你们自己的本事啦。”她对自己的两个儿子是完全有信心的。

招生考试是在暑假期间，兄弟两个立即动身回到上海。德济在哥哥的宿舍里住了几天备考，随即一个人赴南京参加考试，然后返回乌镇。一个月后，他接到了录取通知书。

陈爱珠这次特别高兴，丈夫临终前嘱咐的事情，基本上已经完成了，她毫不担心德济在这所学校学成毕业时会成才。她有了想放松一下的感觉。

是啊！整整十年，一个人苦撑着家，付出多少心血！眼看两个儿子都将如愿所偿，她怎么能不高兴，甚至应该“放纵”一下。打定了主意，她一封信又把长子召回乌镇。

沈雁冰到家时，看到母亲已经把给弟弟的行李收拾妥当。母亲拿出给兄弟两人新做的纺绸长衫，又拿出她给自己做的一身新的纺绸衣裙，带着抑制不住的喜悦心情说道：

“刚刚过去一个多月又叫你回来，一是想我们母子一同送德济去南京上学，二来我也想趁此机会去南京看看。”

沈雁冰很理解母亲此时的心情。母亲觉得他在商务印书馆的前途已经一片光明，料想今后也会一帆风顺；又等到德济被学校录取的好消息，要知道，与德济同在南京投考的同班同学除他而外没有一人被录取。这种欣喜和愉快的心情，大概只有出去走走才能更好地体味、享受。其实，他在返家之前就想到了这一点，所以他把工作一年来积蓄下的200多元钱都带在身上。母亲从来不是那种眼睛只盯着灶台、女红的女性，她早就想出去走走看看，也早就应该出去走走看看，但独自抚育两个儿子的生活重担，使她难以有这样的好心情和机会。这次一定得让母亲玩得痛快、舒心，二百多元钱大概够花了。

谁知母亲听说儿子要用自己的积蓄伺候她出去玩，一口拒绝了。她不要儿子花钱，要他把钱留作将来家用。但是沈雁冰兄弟两个坚持应该孝敬一下为他们操心、操劳了十年的母亲，作母亲的也只好答应下来。对她来说不在于儿子为自己花多少钱，能享受到儿子的一片孝心，是最大的天伦之乐，是自己十年辛劳所获得的最大慰藉。

离学校开学还有一个多星期，母子三人先乘小火轮到了上海，这是陈爱珠第一次来到这座东海之滨繁华的大都市。黄浦江上穿梭往来的大小轮船，外滩一带鳞次栉比的高楼大厦，南京路上车水马龙的人流、车流，让她感到目不暇接。这与乌镇的小桥流水、平和散淡相比，俨然是另一个世界，只有蜿蜒流淌到僻静处的苏洲河两岸还有几分江南水乡的模样。

沈雁冰原打算找一家条件好的上等旅馆，母子三人住下。但母亲不想让儿子花太多的钱，说是找个干净的小旅店住就行了，最后折衷一下，住进了一家中等旅馆。旅馆的条件还不错，有浴室，有餐厅，也可以叫外边的馆子送酒菜来。这天晚上，母子三人叫茶房去附近一家广东菜馆点了几样菜，还特意要了一瓶葡萄酒助兴。沈雁冰和母亲都不能喝酒，只能小小地抿上几口，只有德济能喝一两杯，也是小杯。但是几口酒下肚，母子三人的谈兴大发。母亲忆起了兄弟二人小时的事情，也谈及这些年来生活中的酸甜苦辣；沈雁冰讲述了商务印书馆编译所里形形色色的文人相和各种各样的人情世故；小弟德济则不断遐想着新学校里的读书生活，憧憬着自己并不遥远的未来。边吃边聊，母子三人一直说到半夜才意兴阑珊。

◎南京鸡鸣寺

第二天，他们雇了一辆马车游览市区，把公共租界、法租界上几条热闹繁华的马路都游了一遭儿。不过是名符其实的走马看花，陈爱珠并不想买什么。马车转到河南路，沈雁冰说带他们去看看商务印书馆发行所，陈爱珠来了兴趣，她让车夫将车停在外边等候。母子三人进了发行所，各处看看，然后她挑选了一大批书籍。其中林纾翻译的小说就有50种，还有许多大部头的史书：四大编的《西洋通史》、二卷本的《西史纪要》、日本学者所著《东洋史要》的中译本、汪荣宝著许国英增订的《清史讲义》等等。这些史书，陈爱珠都买了两套——在读书上她是从不吝惜钱的，对自己不吝惜，对儿子更不吝惜。两套史书中的一套是买给小儿子德济的。她对德济说道：

“德鸿是学文史的，用不到妈妈给他买这些书。你将来虽然是要做工程师，但也不能不懂得世界历史和中国历史。这些史书给你买了，带去学校，有空余时间通读一遍，增长点知识。”

德济听了连声称是，自己也选了几本中意的书。沈雁冰请发行所的伙计帮忙把书打好包装，母子三人满载而归。

在上海游玩了三四天，沈雁冰去买了二等车的票，母子三人乘火车到了南京。这次他没同母亲商量，找了一家上等的旅馆住下。先陪德济去“河海工程专门学校”报了到，随后的四五天，他们在南京各处的名胜古迹游览。曾为六朝古都、江南金粉地的南京，名胜古迹极多：秦淮河、夫子庙、鸡鸣寺、玄武湖、莫愁湖、燕子矶……四五天时间，也只能得个浮光掠影。不过对于对中国历史一直怀有浓厚兴趣

◎秦淮河

的陈爱珠来说，能有这么几天时间亲眼看一看金陵胜地依稀可见的繁华，伸出手轻轻触摸一下残垣断壁传递的历史的苍凉，嗅一嗅空气中仿佛还弥漫着的久远的气息，她真是感觉心满意足了，何况还有两个让她感到自豪的儿子陪伴在身边。

德济临开学的前一天傍晚，陈爱珠把旅馆的茶房唤来，问道：“南京哪一家菜馆最好？”

“北京菜馆的菜最好，离这里不是很远的。”

于是，母子三人来到北京菜馆。这一顿饭，陈爱珠坚持自己付钱，说是奖赏两个儿子的。

德济开学的第二天，沈雁冰陪同母亲转道上海返回乌镇。因为母亲说还没有见识过长江行船，想乘坐长江客轮回上海，沈雁冰就在航行于汉口到上海之间航线上的豪华大客轮上专门定了个官舱。

母亲没有让德济来送行，怕耽误了功课。船启锚后，她让德鸿扶着她在甲板上散步。望着渐渐远去的南京城，望着开阔无际，水天一色的江面，她感慨万分地对德鸿说道：

“你父亲曾有过东渡日本留学的打算，但一生只到过杭州，是他命途多舛。我今天见的世面比他多了。不过，他的遗嘱我尽力做到了，你们兄弟二人都算有出息。他要是死而有知想必也是快活的。可惜一个人死了没有鬼魂，他再也不会知道我们现在干什么，将来还要干什么！我现在虽然不知道你们将来还要干什么，但是我相信你们一定会干出一番事业的。”

船到上海后，沈雁冰不放心母亲一人旅行，又送母亲回到乌镇，才返回商务编译所上班。

十 “她只认得孔字”

沈雁冰这次陪同母亲沪宁两地游览和送弟弟德济赴南京就学，用了两个星期的假。回编译所上班后得知，他工作的内容发生了变化，编译所对他有了新的安排。

编译所内有一个编辑《教育杂志》、《学生杂志》、《少年杂志》的部门，由商务一个老资格的编译朱元善负责。朱元善是海盐人，与张元济有点远亲的关系，商务印书馆开办不久他就进入商务工作了。此人在刊物经营方面颇为精明。譬如，《学生杂志》许多栏目中的作品都出自在校学生的投稿，他要求投稿用真实姓名，标明投稿人所在学校、年级以及属于何省何县等资料，来稿一经刊出，所有资料全部附在文后。这样一来，学校、教师、学生均以为荣，皆大欢喜，都会因为脸上有光彩而四处夸耀、宣传，无形中成了《学生杂志》的义务推销员。同时，所用学生投稿并不付现金稿酬，而是根据稿酬数目大小，赠以面值不等的商务印书馆的书券，凭此书券可随时购买商务出版的书。这等于为商务书籍的发行又开了一条销路。为此，朱元善很受老板器重，一人兼做了这三个刊物的主编。但是他手下没有助编，朱元善本人也并不善于处理稿件，所以他向高梦旦提出要沈雁冰做他的助手。

孙毓修现在很看重沈雁冰的学识和能力，并不愿意放手，便借口还要沈雁冰编辑《中国寓言》的“续编”，不肯放行。最后，高梦旦做出一个折衷的决定：沈雁冰同时为两个部门工作，半天审阅《学生杂志》的来稿，半天编辑《中国寓言》的“续编”。

《中国寓言》的“续编”此后实际上并没有做起来，沈雁冰在孙毓修那里的一半工作时间，是协助孙用白话文改写了一批童话。那时，胡适已在《新青年》发表了《文学改良刍议》，提倡白话文运动，他们便从外国童话和中国古代传奇故事中选取了一些有趣的故事，陆陆续续编写，收入商务印书馆出版的《童话第一集》中。

另一半的工作时间，沈雁冰主要为《学生杂志》审阅处理学生投稿。这个杂志是以中学生为对象，内容五花八门，像科学知识、数学难题解答、健身武术、国内外每月大事记、中英文对照的小文章、诗词散文等，主要为中学生提供课外知识。学生投稿大多是些游记、诗词，用文言写成，沈雁冰处理起来驾轻就熟，也花费不了多少精力。不过，为《学生杂志》做编辑工作，在沈雁冰的文字生涯中倒是开创了几个“第一”。其一，这是沈雁冰做刊物编辑工作的开始。其二，他在报刊上发表的第一篇译作《三百年后孵化之卵》，即是刊登在1917年正月号的《学生杂志》上，这还是在朱元善把他网罗在麾下之前的事。这第三个“第一”，是沈雁冰称之为自己撰写的第一篇论文，题目叫作《学生与社会》。

◎旧上海外滩

朱元善这个人作为刊物主编，而且是三个刊物的主编，大概得算是不学无术，至少是山间竹笋——嘴尖皮厚腹中空。不过他头脑灵活，善于观察时代的风向，而且勇于趋时。为了从适合中学生阅读的杂志上寻找编刊物用的材料，他订了一些报刊，其中就有陈独秀编的《青年杂志》。

《青年杂志》于1917年改名为《新青年》，陆续发表了胡适的《文学改良刍议》、陈独秀的《文学革命论》等文章，成为文学革命、新文学运动的始作俑者。朱元善看到这些文章后，敏感到时代变化的某种趋向，也打算在《学生杂志》上试一试改革。事实上，他是商务印书馆几个主编杂志的人中对舆论动向最敏感的人，这是他的长处。他认为改革应该先从社论开始，于是便请已调至他手下的沈雁冰，写一篇不同于以往《学生杂志》社论内容的短文，作为社论。

沈雁冰凭着一股书生意气，借“学生与社会”为题，对2000多年以来的封建社会治学思想大发了一通议论。朱元善甚为满意，以为可以使《学生杂志》给人耳目一新的感觉，将其作为《学生杂志》1917年最后一期的社论。同时他又请沈雁冰再写一篇，作为1918年元月号的社论，题目定作《一九一八年之学生》。

在这篇社论中，沈雁冰议论了一通时政，然后对中学生们提出了三点希望：“革新思想”、“创造文明”、“奋斗主义”。他把“革新思想”列在三点之首，说明了他所希望的重点所在。“何谓革新思想？即力排有生以来所熏染于脑海中之旧习惯、旧思想，而一一革新之，以为吸收新知新学之备。”沈雁冰以“个性之解放”、“人格之独立”的新思想，抨击旧学校教育出来的所谓人才“类多半旧不新之人”；旧的道德意识教人“以退让为美德，守拙为知命”；疾呼“扫除旧渣滓”，“抱定人定胜天之旨，而以我力为万能”，振臂而起，奋力创造新的文明。

虽说沈雁冰此时的思想意识还只是进步的资产阶级民主主义思想，但这篇社论的内容还是紧随《新青年》的步伐，充满革新精神的。

然而，也就是在沈雁冰用笔奋力向青年学生们疾呼的同时，他自己却又不能不面对类似“以退让为美德，守拙为知命”的尴尬处境：一年前由他和母亲商定的办喜事的日子临近了。

一年前，沈雁冰基本上算是在一种比较平静（虽然带着无奈）的心态下，确认了对这件人生大事的安排。一年的时间也的确不算长，按说这种平静的心态不会发生多么大的变化，但是，在中国近现代两个历史时期之交的这一年——1917年初到1918年初，却无论如何不能视之为人生匆匆而过的一年。

这一年中间，文学革命、新文化运动渐成大势，远在欧洲轰响的“十月革命”的礼炮，送来了“在欧洲徘徊”的“一个幽灵，共产主义的幽灵”（《共产党宣言》）。许多人，特别是青年知识分子，在此期间，都经受了一个思想上的冲击、洗礼，沈雁冰自然也在其中，这从他为《学生杂志》撰写的两篇社论里即可以看出。所以，当这件“喜事”来临之际，他原有的平静的心态，应该多少有些不平静了。遗憾的是，人们已经只能揣测，却无从证实这一点，因为“婚事按预定计划，于1918年春节后进行”了。

关于婚礼的场面和经过，沈雁冰在晚年自述《我走过的道路》中用平静的笔调、平静的叙述这样写着：

新婚之夕，闹新房的都是三家女客。一家是我的表嫂（即陈蕴玉之妻）带着她的五六岁的女儿智英。一家是二婶的侄儿谭谷生的妻。又一家是新市镇黄家的表嫂，她是我的二姑母的儿媳。二姑母三十多岁出嫁，男家是新市镇黄家，开设纸行，与四叔祖现在的续弦黄夫人是同族。这三家女客中，陈家表嫂最美丽，当时闹新房的三家女客和新娘子说说笑笑，新娘子并不拘束。黄家表嫂问智英，这房中谁最美丽，智英指新娘子，说她最美。新娘子笑道：“智英聪明，她见我穿红挂绿，就说我美丽，其实是她的妈妈最美。”大家都笑了。此时我母亲进新房去，看见新娘子不拘束，很高兴。母亲下楼来对我说：孔家长辈守旧，这个新娘子人倒灵活，教她识字读书，大概她会高兴受教的。

◎五四时期的沈雁冰

书中记述婚礼仪式当日情景的文字，只有这短短几百字的一段，而且只是傍晚宾客闹新房的一个场景。来闹新房的，似乎也不应该只有女宾，或者因为事隔半个多世纪，沈雁冰已经忘却了婚礼上喜庆欢愉的场景。不然的话，只能说作为人生一大喜事的这个仪式，并没有给他留下什么愉快、难忘的记忆。

有一个细节，也许可以让人们体味到沈雁冰当时的心境。

那是到了第二天，婆婆考问新娘子，才知道她只认得孔字，还有一到十的数目字。新媳妇知道夫君是曾在北京读过书的，问婆婆道：“北京离乌镇远呢，还是上海离乌镇远？”

陈爱珠无论如何也没有想到孔家竟如此闭塞，儿媳这个问题想必在自己家里也曾问过谁，孔家难道连北京都不知道吗！但到底因为儿媳是才过门的新娘子，作婆婆的也不好多说，只是对她叹息道："自从我们两家订下你们二人这桩亲事后，德鸿的父亲就多次让媒人捎话给你的父母，要求他们让你读书，德鸿父亲去世后，我也请媒人转告了这个意思，看来他们没有把这当回事。"

身为婆婆的陈爱珠了解到新儿媳全然是一个文盲的状况，尚且大为吃惊；那么身为新郎的沈雁冰，面对此情此境，该是何等样的心情呢？

更耐人寻味的是，新娘子的情况是婆婆第二天打问来的，那洞房花烛之夜，莫非新郎、新娘一夜无话？如若不是，只能理解为沈雁冰实在不愿用自己的亲身感受，将这一情节记忆下来，而是借了母亲与新娘子问话，留作一段历史的叙述。个中苦涩，全在不言之中了。

不管心理是怎样一种感受，心情有多大的落差，沈雁冰至此为止，平静一如既往地接受了属于他的女人、婚姻、家庭，但有一样他没有——两情相悦的爱恋，至少目前没有。

其实与沈雁冰同一时代的青年，还有许多人也是由父母包办结婚组成家庭的。他们在当时的感受，也许确实没有我们用现在的感受去审视历史时那样沉重，那样难以忍受。但不同性格、经历的人，显然也会表现出很大不同，甚至是截然相反的反应。并且这种反应所包含的性格上的因素，势必会影响到他们今后的生活，乃至成为塑造这个青年人个性特征的重要因素。

譬如几年之后因一场笔墨官司而与沈雁冰相识的郭沫若，在婚姻问题上同样经历过这样一幕“时代喜剧”的场景，对比他与沈雁冰的不同表现，是可以发人深思的。

郭沫若年长沈雁冰四岁，结婚还要早几年，是在1912年。他的婚事也由“父母之命，媒妁之言”所定。郭沫若对此虽不满意，但为体谅母亲一番苦心，同时听说订婚女子人品好，是天足，又在读书，便心存希望于将来可以教她读书，慢慢地发生爱情。于是他在亲事议定之后呈现出这样一副心态：“就这样要说是绝望说不上绝望，要说是称心也说不上称心。心机像突然取去了称盘座的天平，两个称盘只是空空地动摇。动摇了一会之后自然又归于平静了。”

这与沈雁冰那种平静的心态，大约是大同小异的。但是婚礼当天，新娘子一下花轿，郭沫若就看见一双“三寸金莲”，心里不由得喊了一声“啊，糟糕！”及至进入洞房，揭开新娘子的盖头。郭沫若觉得什么也没有看见，“只看见一对露天的猩猩鼻孔！”他马上想起四川俗语里说的：“隔着口袋买猫儿，交订要白的，拿回家来才是黑的。”所以，他后来给自己关于这段人生的自传所起的题目就叫作“黑猫”。

其实新娘子的相貌并非郭沫若当时感觉的那么丑，（无论当时见过新娘的人，还是这位新娘许多年以后的照片，似乎都能证实这一点）实在是因为新郎主观上已经对这桩婚事产生了逆反的心理，故而会以情绪化的偏激的目光注视婚礼上的一切。而婚前心理上的平静，只不过是一种自欺欺人的假象，或者如郭沫若自己所说的，是“机会主义的误人”——让他后悔不迭的妥协。“我的一生如果有应该要忏悔的事，这要算是最重大的一件。我始终诅咒我这项机会主义的误人。”“机会主义的必然结果便是随遇而安，得过且过。两千年来中国人便困顿在这两重的软禁之下，不是把所有的民族的菁华，或者是人性的菁华都消磨殆尽了吗？”

尽管郭沫若仍然敷衍着完成了结婚的一切仪式，包括第二天的“回门”，在婚后的第五天，他便在实际上永远告别了这个女人和这个家，自己埋葬了这个婚姻。

如果单纯作为一种历史上个人行为的“个案”来比较、评价沈雁冰与郭沫若对于父母包办的婚姻，各自表现出来的不同的心态和所采取的不同处置方式，人们很难用“是”与“非”、“好”与“坏”这样的价值标准予以衡量，因为处在一个新旧历史转换时期的社会，每一种存在，似乎都能找到它存在着的某种合理性。只有将它们置放于一个历史发展的大趋势下，才能辨别其优劣，劣者终归会被淘汰、消亡。

但是沈雁冰对待婚事的这种态度，对于他此后的人生之路所发生的影响，或者所寓示的某种象征，其实是不言而喻的。时间将一点一点地演示出来。

十一 “阿三”有了名字

乌镇也有“回门”的习俗，叫作“三朝回门”，是新婚后第三天，新郎陪着新娘回娘家。

这天一清早，陈爱珠便催着儿子陪新娘子去孔家。按惯例，女婿是要在这一天正式会见岳父大人家里的近亲。但来到孔家，沈雁冰只在堂屋里同岳父打了个照面，孔家两个小舅子却没有见到。于是，他便随妻子上楼去拜见岳母。坐下刚刚说了几句问候寒暄的话，就见一个十三四岁的男孩追着一个七八岁的男孩跑上楼来。两个孩子围在大人身边揪打着，沈雁冰看岳母好像无力去管教，只是无可奈何地叹气。倒是坐在一旁的妻子觉得娘家人在丈夫面前失了面子，忍不住猛然喝道：

“阿六，你又欺负弟弟，也不看看这里有客人，这是你姐夫……”

沈雁冰这才知道，两个男孩是他的小舅子。那个大点的阿六叫孔令俊，小点的叫孔令杰，小名叫阿福。

阿六看了一眼姐夫，没答话，也不敢再揪打阿福，跑下楼去。沈雁冰心想：这个令俊不怕他母亲，却怕姐姐，看来妻子在家中还是颇有些管家之道的。

陪着岳母说了一阵子话，沈雁冰想到他们母女二人一定有些私房话，当着自己不便说，就起身推说下楼去用茶点。

下得楼来，又不见了岳父的影子，也不见小舅子孔令俊，只有孔家大姨陪他用茶点，沈雁冰心中就有些不悦。心想：这经商之家到底不像以读书传家之人，待人接物总讲些礼数，难怪他们就是不肯让妻子读书识字。又想起人们都说这位岳父大人是个败家子，于是对他的尊敬便又减少了几分。

沈雁冰在堂屋里与孔家大姨东拉西扯的，却不知楼上岳母和自己的妻子吵了起来。

原来，沈雁冰刚一下楼，新娘子就抽抽咽咽哭起来。当母亲的认为女儿刚进婆家门便受了委屈，问道：

“是女婿待你不好吗？”

女儿摇摇头。母亲又问：

“那是婆婆待你不好吗？你婆婆是有名的能干人，都知道她对小辈人极严厉，动辄呵责，婆婆让你受委屈了？”

女儿还是摇头，说：“婆婆待我跟自己的女儿一样。”

“那你到底为什哭呢？”母亲也急了，问话的语气就有点焦躁。

“我恨你们，都是你们误了我，沈家早就多次要我读书，你们为什么不让我读书？女婿是读书人，有大学问，连婆婆都是读过许多书的，我在沈家就像个乡下人，日后怎么抬得起头来？你们耽误了我一

◎水乡

生一世！”女儿越说越生气，连生气带伤心，抽泣得更厉害了。

母亲听女儿这么一说，也觉得有些后悔。但事已至此，无法补救，只好又搬出那套“女子无才便是德”的说教应对女儿，母女俩便吵了起来。说是吵嘴，其实是女儿埋怨当妈的，当妈的辩解几句，所以响动不大，沈雁冰在楼下毫无知觉。

按习俗，“回门”只是新郎当天对岳父家的礼节性拜访，沈雁冰在楼下坐了一会儿，还是不见岳父的人影，就起身向孔家大姨告辞。大姨向楼上大声叫道：“三小姐，新官人要回去了。”过了一会儿，新娘子从楼上低着头慢慢走下来，也没有寻问父亲、弟弟在哪儿，两个人就辞别大姨打道回府。一路上，沈雁冰只是琢磨着岳父是个什么样的人，竟没有注意到新娘子是刚刚哭过的。

回到家，两人去问候母亲，婆婆倒是一眼就看出新娘子似乎哭过，两个眼泡还有些红肿，于是问她同谁拌嘴了。新娘子先不肯说，架不住婆婆再三追问，她才把回娘家与母亲吵嘴，埋怨母亲不让自己读书，误了自己一生的事说出来。婆婆听罢，反到乐了，笑问道：

“这么一点小事也值得哭？你知道《三字经》上说的‘苏老泉，二十七’的故事吗？”

新娘子摇摇头。

“这个叫苏老泉的古人，27岁以前已经出名，但是他觉得功力不到，27岁以后才认真研究起学问，想要自成一派。经过多年苦心钻研，后来果然自成为一派。做学问的事尚且如此，你不过是要识字念书，能写个信，能看个书报，那还不容易吗？只要肯下功夫，不怕年龄大了学不成，埋怨你母亲没有用。我虽然没读过多少书，教你大概还是不费力的。”

听到这里，新娘子破涕为笑。

婆婆想起了什么，又问道：

“你有小名么？不能老是叫你新娘子。”

新娘子摇摇头，说：“父亲母亲叫我阿三，家里人称呼我三小姐。”

沈雁冰和母亲听了，简直哭笑不得。

母亲说：“德鸿，你给她取个名字吧。”

沈雁冰想了一下，说：“据说天下姓孔的人家，都出自孔夫子一脉，按孔家家谱上辈份的排字，繁字下边是祥字，祥字下边是令字。岳父名祥生，他的父亲名繁林，两个小舅子名令俊、令杰，想必岳父家是按孔家家谱上排下来的，新娘子该排令字，令娴、令婉都可以，只是不知孔家同辈男女是不是都用一个字。”

母亲听罢，说道：“那倒不如按沈家的办法给她取个名字。刚才新娘子不是说跟她母亲讲我待她像女儿一样吗？我正少个女儿呢，我就把她当作女儿，你按沈家办法想个名字。”

“按沈家家谱，我这一辈都是德字，后面一个字一定要水做偏旁，那就取名叫‘德沚’吧。”沈雁冰刚说出这名字，忽然又觉得有些不妥：“可是，照孔家排行，令字下边才是德字，当今在世的衍圣公就叫孔德成。新娘子若是取名‘德沚’，孔家误会到他们的排行上，那就比她的弟兄小了一辈。”

母亲一摆手，说道：“我们不管他们孔门那一套，就叫她德沚吧。”

孔家“阿三”、“三小姐”这才有了名字。沈雁冰后来曾为探讨妇女问题写过不少文章，为自己妻子取名这两个字，大概得算是他为妇女解放问题写下的头两个字吧！

从这一天开始，沈雁冰亲自教孔德沚识字读书。

春宵苦短，日月匆匆，不知不觉中，新婚之喜已过半月。不知是放不下编译所里的工作，还是不想一次用尽全年一个月的额外休息，沈雁冰准备回上海。

孔德沚当然舍不得丈夫这么快就离家外出，新婚的欣喜还没有散去呢，何况念书识字也刚刚开始。

“母亲会继续教你识字的。”沈雁冰安慰妻子。

“可是新婚一个月是不能空房的，空房不吉利。”孔德沚所说的，是这里的习俗，世代都是这样的。

沈雁冰不信这一套，陈爱珠也不信。她知道儿子看重自己的事业，大丈夫以天下为己任，自然不该沉溺于儿女情长，所以并不劝儿子久留在家。

临行前，沈雁冰独自去孔家辞行，仍然没有看见岳父，只见到岳母卧病在床，说是因为操劳女儿出嫁的事太累了点，所以又病了。沈雁冰问候了岳母，告诉她自己即日就回上海。岳母听后，颇不以为然，带着几分不满地说：“总该过了满月再走嘛，你们家是新派，也太新了。”

回到家中，沈雁冰告诉孔德沚没有见到岳父，岳母又病了。孔德沚倒不太为母亲的病着急，她说母亲一直身体不好，一年中有10个月卧病在床，却也不是什么要命的大病，家里的事全都仰仗大姨去操心。

沈雁冰没有见到岳父，是这位岳父大人有意躲了，新婚“回门”那天打了个照面，他也躲了。原来，孔祥生这个生意人觉得女婿是做学问的读书人，自己同他在一起无话可说，不外乎扯些天气如何，上海怎样之类不咸不淡的话，倒不如不见。

按说生意人，不论生意大小，总有些迎来送往场面上的事，也是极注意面子和礼数的。孔祥生却因为结交一些酒肉朋友，整天混迹在这班朋友中，怠慢了其他社会交往，连新女婿上门都顾不上点体面。他开设的那家小小的纸马店，多年来也还能够赚钱，但与那班酒肉朋友挥霍无度，孔祥生已经欠了不少债。这次嫁女儿是要有不少花费的，他便想了个主意，起了个会，他做会头，凡入会者每人交入会金100元，每年可得利息。入会的共有10人，包括他自己，实际上收得900元，应付嫁女的开销大致也够了。孔祥生在花钱办事上喜欢热闹，又要讲排场，但将来如何还债，他却不去想。光是起会的这几百元债，每年他就得付一大笔利息，一直要付到第九年底。大概也是虱子多了不咬，债多了不愁，事到临头，再借新债还旧欠吧。

沈雁冰摊上这么个岳父，真是没有办法。母亲为自己的婚事花费了1000元，那是她早已慢慢存储下的。操持一个家不容易，败掉一个家却可以在杯觥交错之中。这也算是人生的一种学习吧!

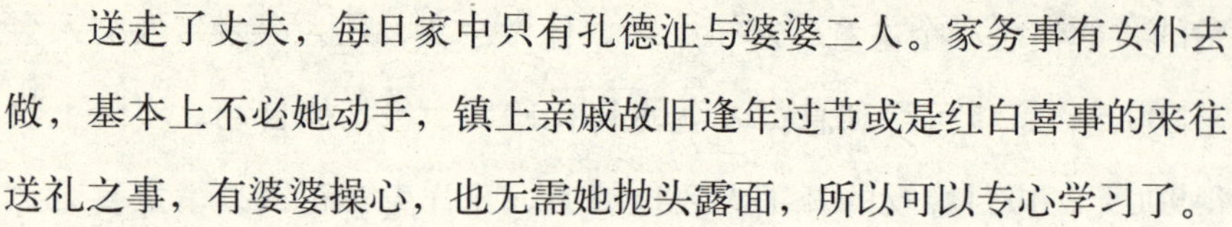

十二　婆婆教媳妇识字

送走了丈夫，每日家中只有孔德沚与婆婆二人。家务事有女仆去做，基本上不必她动手，镇上亲戚故旧逢年过节或是红白喜事的来往送礼之事，有婆婆操心，也无需她抛头露面，所以可以专心学习了。

陈爱珠每天上午用两个小时教德沚识字，下午用两个小时教她写字，开始先用红格字描红。这跟学堂里学生上课的方式也差不多。一个多月下来，孔德沚识得了五六百字。不过，陈爱珠渐渐察觉到德沚学习时的心神不那么专注，有时几个字教一遍就识得记住了，有时却要反复多遍。她问德沚是怎么回事，德沚也说不上来，只说是有时眼睛盯在书本上，心却飞到别处去了。

一天，沈雁冰的二婶过来串门，妯娌二人闲聊，陈爱珠说起儿媳学习不能专心的事。二婶说："你家德鸿新婚不久就去上海了，家中又没有其他人，新媳妇一个人难免不寂寞。再说年龄大了，读书识字比不得学堂里的小孩子们觉着有趣，心神不定也是有的。如果让她进个学校，有同学在一起学，就不一样了。"

陈爱珠听了，觉得有道理："你说的也是，只是德沚年龄大了，恐怕镇上女子小学不收这样大的学生。"

“我娘家一个姓丰的亲戚办着一个小学，我回去问一下，兴许可以收这样大的学生。”

二婶是石门湾人，回去后特为打问此事去了趟娘家，而且一说就说成了。

二婶娘家的这门亲戚就是丰子恺家，开办小学的是丰家大小姐、丰子恺的大姐，已经30多岁了，尚未出阁。也许就是因为这个原因，她同意收已经过了20岁的孔德沚入校学习。

◎沈雁冰与孔德沚

陈爱珠得到消息，问了儿媳，儿媳也很愿意进学校读书。于是，陈爱珠便派了一个女佣人专门划船送孔德沚去石门湾。

学校就办在丰家，校名叫作“振华女校”。孔德沚因为已经认识了五六百字，而且能默写，也能解释字义，学校安排她插班在二年级。

虽然是女校，一般家里送女孩子读书比较晚，但同班的学生都比孔德沚小得多，多数只有十一二岁，她同她们合不来，却与几个老师交了朋友，她们年龄相差不多。在同班同学中有两个十六七岁的姑娘与孔德沚关系很好，其中一个叫张悟的，就是后来与沈雁冰的弟弟沈泽民（他自己改了泽民这个名字）结为夫妻的张琴秋，她们成了妯娌。

陈爱珠将孔德沚上学的事情和振华女校的情况都写信告诉了儿子，孔德沚这时还没有达到能写信的水平。

有一班姑娘做同学，虽然多数人说不到一起，至少孔德沚不再感觉孤寂了。学校课程日日有进度，老师督促得紧，每天都有作业，孔德沚果然心无旁骛，专心读书，进步很快。几个月下来，她已经能阅读一些浅近的文言文。振华女校那时还以文言教授学生。

放暑假期间，沈雁冰也回了一趟家，看到孔德沚学业上大有进步，心里自然高兴。虽然当初口说老婆识不识字关系不大，到底内心里还是希望有个有文化有教养的夫人，如果还能够有共同的志趣，那这桩“包办”的旧式婚姻，也就算得着一个完满的结果了。

母亲告诉他，德沚已经可以给她写出勉强表达意思的短信了，只是还没有勇气给自己的丈夫写信。又说，德沚人蛮聪明的，在女校这样读上三年，就可以自修，然后再求深造了。沈雁冰鼓励德沚可以试着给他写写信，无非是讲讲学校的学习，家里的事情，怎样想的，就怎么写下来。

这次回家，沈雁冰的心情很好，与年初办喜事那次心情大不一样。孔德沚也不再有“乡下人”那种自卑的感觉了。

冬去春来，时光荏苒，孔德沚在振华女校不知不觉便读了一年半的时间。这期间她静心读书，体验着当学生的乐趣。当然也有功课难懂时的烦心、浮躁，但总的来说，学校的寄读生活是平静的，悠悠然的。婆家、娘家的大小事都不要自己操心，丈夫远在上海，生活起居上的事更无需自己分神，比起待字闺阁的岁月，感觉着一种从未有过的自由自在。

然而好景不长。忽一日，娘家来人说她母亲病了，非得她去身边伺候汤药，而且说她婆婆已经同意了。

孔德沚听说母亲病了，而且要她回去伺候，心想必是不同寻常往日的病情，自然归心似箭。但自己是嫁到沈家的人，回去伺候母亲，又不知得多少时日，还是得先禀告过婆婆。于是先回了婆家。

陈爱珠此前已得了消息。亲家母病了，想自己的女儿回去伺候是人之常情。虽然孔家不止一个儿女，亲家母让她的三小姐回去，自有她的道理，想必因为三小姐在家里上上下下拿捏得住，所以她没有理由不同意。孔德沚一回来，陈爱珠便打发她去了娘家，只嘱咐她抽空读读书，别忘了功课。

孔德沚的母亲这次病得果然不轻。医生换了几次药方也未能使病情好转，入冬以后她的病势越来越重，终于没能挺过江南阴冷潮湿的冬日。

母亲的病故，令孔德沚悲痛万分。虽然当初母亲没有让自己读书识字，心里有些嫉恨，但到底是母亲给了自己生命，母亲是爱她的，所以在一生最后的日子要她陪伴在身边。现在自己进了学校，能读书识字了，将来还会学得更多，母亲却看不到一个“知书识礼”的女儿了！

孔德沚让家里人将母亲病故的消息告知婆婆，并请婆婆把消息通知沈雁冰。她留在家中帮助父亲料理母亲的丧事。

陈爱珠立即给儿子去信，告之亲家母去世的消息，让他回来奔丧。沈雁冰为此又回了一趟乌镇。

◎沈雁冰在商务印书馆涵芬楼

办完丧事，孔德沚回到婆婆家。母亲不在了，娘家让她的牵挂之情又少了几分。沈雁冰体贴妻子丧母的悲痛，决定这次在家多呆一些日子，陪一陪妻子。

过了一个多月，沈雁冰感觉德沚的心情平静了，就提出她该回学校去上课。然而，孔德沚明确表示不再回振华女校，她的理由是荒废了四个月的时间，去了也跟不上课。这倒让沈雁冰有点意外。原以为丧母之痛或者会令德沚一时无法专心读书，却不料她决意不再返校了。沈雁冰一时摸不清头脑，不知怎样劝说，看看快到年底，学校也该放假了，于是暂时搁下此事不提。

孔德沚在振华女校有一个很谈得来的朋友，是教师褚明秀。褚明秀的年龄与孔德沚差不多，但还没有出嫁。振华女校虽然还用文言教学生，褚明秀却喜欢看上海出版的新书刊，由此知道了沈雁冰的大名，并且知道了沈雁冰就是孔德沚的丈夫，所以同孔德沚特别要好。她闻知孔德沚不准备回振华女校继续学业，曾写信劝说，但也无效，于是亲自跑到乌镇来劝，也正好借此认识一下久闻大名的沈雁冰。

沈雁冰当然欢迎身为振华女校教师，又是德沚好友的褚明秀来做劝学工作，就请母亲安排招待褚明秀住下。

褚明秀住在陈爱珠的房间里，每天与孔德沚说个不停，还常常避开陈爱珠密谈。住了有五六天，她要告辞走了，陈爱珠问她德沚劝得怎么样，她没正面回答，只说自己也不打算回振华教书了。因为是客人，陈爱珠也不好问她为什么不回振华教书了。

褚明秀走后，陈爱珠把儿媳叫来一问，才知道褚明秀是因为不满意校长丰大小姐的作风才决定不回振华。而孔德沚不愿回振华女校，也是同样的原因，说怕跟不上课，只是托辞而已。

沈雁冰心想，那位30多岁还未出嫁的老闺女丰大小姐也许就是有些怪脾性，不容易相处，德沚不去也罢。他便与母亲、德沚一同商定了德沚在家自修的学习计划。上午请母亲教德沚一篇文言文，下午让她练习作文，由母亲批改。

这个计划施行了一些天，孔德沚有丈夫陪在身边了，倒也能够安心自修。沈雁冰和母亲都觉得这个方式蛮好，如果德沚能坚持下来，不一定非进学校。况且只有母亲一人在家，总感觉几分寂寞，有德沚在身边陪伴，也可以说是两全齐美吧。

一转眼，沈雁冰回家已经住了三个星期，时令也已开春，他便不再盘桓，返回上海，以为这次德沚不会再有什么变化。

说起来沈雁冰同孔德沚结婚也两年有余了，但他对德沚其实还不十分了解，究竟他们在一起生活的时日有限，只有他每次从上海回家小住的几天。他甚至不如母亲对德沚的脾性更熟悉一些。德沚不是那种锁在深闺里大家闺秀式的女子，也不是中等人家娇生惯养小家碧玉式的姑娘。她人聪明，心活爱动，有自己的主意，而且打定主意就很固执。沈雁冰回上海不久，那个制定好的自修计划便中断了。

这次是因为邻居王会悟。王会悟是沈雁冰入立志小学之前读书的那个私塾里的先生王彦臣的女儿。王彦臣是沈雁冰曾祖母的侄儿，所以论辈份，王会悟是沈雁冰的表姑母，虽然他们年龄差不多。王会悟后来成了中国共产党早期著名人物李达的夫人。王彦臣家在北巷，与住观前街的沈家并不是邻居。但是沈雁冰在北大预科读书的时候，陈爱珠就搬出观前街老屋，租住了沈雁冰四叔祖在北巷的一处余屋，准备将来给儿子办喜事用，于是与王会悟家成了邻居。

王会悟这时正在湖州的湖郡女塾读书，回家看到孔德沚在家自修，就劝她一起到湖郡女塾就读，说这所学校是教会办的，设备好，讲授的都是新学，将来毕业后校方还可以保送留学美国。孔德沚一听就动了心，也想去，便向婆婆提出要求。

陈爱珠不知湖郡女塾是所什么样的学校，写信告诉儿子，也让儿子拿个主意。沈雁冰是在湖州念过书的，知道这个女塾是教会办的学校，而且与上海的中西女校是姐妹学校，以学习英文为主。学校的招生简章上说学生毕业后学校可以保送留学美国，但那是自费，还说成绩特别好的学生，学校可以负担留美的费用，这不过是招揽生源的门面话。沈雁冰心想，他那位表姑母大概就是受了这句话的诱惑进入湖郡女塾的，现在德沚一定也是信了这句话。在湖郡女塾上学的费用是很昂贵的，学费贵，膳宿费也贵，所以学生都是有钱人家的女儿。沈雁冰家的现状，负担德沚就读会觉得吃力。沈雁冰把这些情况详细写在信上，希望母亲阻止德沚去湖郡女塾。

陈爱珠已经很了解儿媳的脾性，知道她打定主意要做什么事，是不听旁人劝说的，而自己又不想摆出婆婆的架子硬阻止她，那样会把婆媳关系搞得紧张起来。于是，她告诉儿子，让德沚去试一下，待她自己知难而退，就不会再固执了。沈雁冰一想也是，自己便不再出面阻止德沚。

果不其然，还没等到一学期过完，学校放暑假之前，沈雁冰就接到母亲的信，说孔德沚等不得放暑假，提前回了家。沈雁冰料想她是知难而退，改了主意，但终归是放不下心，便又回家看看究竟。

回到乌镇家中，沈雁冰没有直接问起德沚为何不等学校放假就早早归来，他怕伤了德沚的自尊心，母亲也没有主动问起。隔了一天，孔德沚自己忍不住，诉起苦来。

原来进校以后，孔德沚才发现自己根本无法上课。湖郡女塾内只读英语，她却连字母都不认识，怎么上课呢？女塾有所附属小学是从英文字母学起，但校方说她年龄大了，不能进附小，硬把她排在正科一年级。班上同学都已经学过四五年英语，彼此之间说话也用英语，而且洋小姐气派十足，谁都不理会她，她真正成了一个乡下人、“丑小鸭”。能说说话的只有王会悟，可两人又不同班。就这样勉强跟着，上课听不懂，下课孤单单一人，实在是受洋罪。孔德沚连呼“上当了，上当了！再也不去了”。结果是白白浪费了差不多半年时间和六七十元的学费、膳宿费。

说罢，孔德沚自己也觉得有些不好意思，因为是她坚持要进这个学校的。沈雁冰只好安慰几句，这个结果本来也在预料之中。浪费几十元钱，如果能让德沚买个教训，将来做事不要固执己见，听听别人的意见，也还是值得的。况且，德沚也不是全无收获，她从王会悟那里学了不少新名词，也算开阔了一点眼界。

做母亲的到底想得多些，也仔细些。她私下里对儿子说：

“德沚在上学读书的事情上几次反复，大约也不单单是她性情上有些浮躁，看来她一人在家，总觉得寂寞。你们夫妻总这样分居两地，不是个办法，德沚是你的妻子，不能总是跟了我，还是早点搬家到上海吧。”

此前，沈雁冰也不是没有想过把家安在上海，但没有认真想过。一来是精力、心思都放在事业上，无暇顾及妻子、家庭。二来结婚之事由“父母之命”所定，感觉上就是在履行人生的一个职责，自然比不得青年男女自己相恋，因而会格外看重、珍视由此而生的婚姻、家庭。还有一点是，迄今为止，沈雁冰在自觉或不自觉中，仍然将母亲作为他家庭生活中的“主宰”，一切有关家的事宜，全由母亲操心，全依赖母亲操心。他似乎没有意识到，结婚意味着孔德沚把身心交给了自己，自己也要将身心交给德沚。现在，母亲先提出了把家搬去上海的想法，沈雁冰得认真考虑解决这个问题了。

从乡下小镇把家迁到大都市上海，将会给这个家庭和家庭成员的思想带来什么样的变化，是他们现在还没有意识到的。“怎么能找一处离编译所近，又能好好安顿家人的租屋”，沈雁冰脑子里只是不停地想着这件事，回到了上海。

十三　革新《小说月报》

一回到上海，沈雁冰就请管理编译所宿舍的“经理”福生商议找房子的事。按他的要求马上找到这样一处适用的出租房屋，还真不是一件容易的事情，所以搬家之议没能马上付诸实施。而在此时，沈雁冰在编译所工作的又一次发生变化。变化的起因，是在身兼《小说月报》、《妇女杂志》两刊物主编的王莼农。

1919年11月初的一天，王莼农找到沈雁冰，告诉他商务印书馆准备将《小说月报》三分之一的篇幅改版，刊登新文学内容，提倡新文学。他为此新设了一个“小说新潮”栏目，请沈雁冰主持这个栏目的编辑事务；同时请沈雁冰为《妇女杂志》撰写文章，谈妇女解放问题。

王莼农是一个旧式文人，思想守旧，这也是商务印书馆当权人物的思想倾向和出版倾向。在王莼农主持下的《小说月报》历来都以发表“鸳鸯蝴蝶”派文人的言情小说为主，差不多就是他们的一个阵地。所谓“鸳鸯蝴蝶”派，是源于这些旧式文人所写的言情小说，常常用“三十六鸳鸯同命鸟，一双蝴蝶可怜虫”这样的陈辞滥调，故而被人以鸳鸯蝴蝶称之。他们是旧封建意识和上海滩洋买办意识混合而成的产物，迎合了当时小市民比较低俗的欣赏趣味。《妇女杂志》则一直以提倡贤妻良母为办刊的宗旨。商务出版这样的刊物，一是出于保守倾向的出版思想，二是在赚钱上的考虑。但恰恰是在这两个方面，他们都遇到了难题。

这时，五四运动已经过去半年了，新思想、新文学对于人们的思想和社会生活许多方面的冲击，已经形成一股不可抗拒的时代洪流。它迅速改变着传统守旧的思想观念、审美趣味、生活方式。《小说月报》每况愈下的发行量成了一个文化晴雨表，向商务印书馆的当权者们昭示了这一社会发展动向，而发行量减少的最终后果是商业利益的损失。所以，他们纯粹出于商业利益的考虑，也不能不革旧布新了。

这给了沈雁冰一个机遇，因为身处守旧意识浓重的商务编译所内，他所翻译、介绍和撰写的表达新文化、新思想的文章，此前都是发表在《时事新报》副刊《学灯》等报刊上，现在可以充分利用自己身边的这两个刊物了。应允了王莼农的请求，沈雁冰马上动笔，在这一年第11期上《妇女杂志》发表了《解放的妇女与妇女的解放》的文章。紧接着，在第二年1月号的《妇女杂志》上又集中发表了多篇文章和译文。此后，每期《妇女杂志》都有沈雁冰撰写或翻译的文章。

主持“小说新潮”栏目，花费了沈雁冰的大部分精力，但他干得津津有味，找房子的事则被忘诸脑后。几个月后，母亲又来信催促，而且信中有些不悦，似乎怀疑到儿子有什么瞒着她的事。

这封来信的原委是这样的：

沈雁冰自从在报刊上发表文章起，就一直把刊登他文章的报刊都寄给母亲看。一身二任：主持“小说新潮”，为《妇女杂志》撰稿以来，他写的、译的文章比上一年多了许多，沈雁冰一篇未漏，都寄给母亲了。同时，在不久前的一封家信中，他告诉母亲薪水又增加了10元，每个月有60元了。于是，陈爱珠觉得有点不安：每月60元钱，一个人在上海花，绰绰有余，为什么还要写那么多文章去赚“外快”？是不是有什么额外的花销，比如结交女朋友？那次两个儿子陪自己在上海游览，就发现那里是个花花世界，街上来来往往的女子，多是些现代的、摩登的女性，远非德沚这样小镇女子所能相比的。德鸿一人整天生活在这样一个繁华世界里，一年之中夫妻两人相聚不了几天；况且对于这桩婚姻，德鸿心里也是不大满意的，要不然怎么一篇接一篇的写些关于妇女婚姻、家庭问题的文章？他该不会有什么别的打算吧……还是得尽早把家搬到上海去，让他们夫妻生活在一起……

想到这里，陈爱珠马上提笔给儿子写下这封信。当然她不好直截了当说出自己的疑虑，只是在信上告诫儿子钱够花就行了，不要为赚“外快”弄坏了身体，再就是催问何时可以找好房子。

沈雁冰是何等聪明的人啊，母亲在来信的字里行间所流露出的疑惑不安，他立即就觉察到了。他给母亲写了一封长信，详细说明了自己近一段时间工作生活的情况。他告诉母亲写那样多的文章其实不为赚稿费，一来是工作的需要，二来自己对于新文学，各种各样的新思潮以及社会上广泛关注的青年问题、妇女问题等产生了浓厚的兴趣，有志去从事这方面的研究和活动，正可以藉此做一番事业，不想只是停留在编译一些现成的东西上面。他答应母亲尽快找房子，但没有为他所察觉的母亲的疑虑解释什么，因为他根本没有想过这方面的事情。

不过陈爱珠的惴惴不安，不是没有道理的。她以作母亲的直觉，感觉到了儿子身上发生的某种变化，她的德鸿似乎不再那么老成持重、四平八稳，而有点不甘寂寞、锋芒毕露的意思，只是她把原因想错了。其实半年多之前，沈雁冰自己也没有想到自己会有什么变化，因为他每天接触的这些同事，他为之工作的编译所，总是那么按部就班、循规蹈矩的。

◎陈独秀

差不多是与陈爱珠为在上海孤身一人的儿子感觉不安的同时，沈雁冰在上海的法租界会见了一位在中国现代史上占有重要位置的人——陈独秀。

陈独秀是在1920年初来到上海的，他就住在法租界环龙路渔阳里二号。陈独秀此前在北京因为《新青年》的编辑方针，与胡适为代表的北京大学教授中比较保守的一派发生了冲突。陈独秀、李大钊主张《新青年》推动新文化运动，要谈主义，谈政治，而胡适和他的追随者主张少谈主义，不谈政治，甚至要在《新青年》上发表不谈政治的宣言，把《新青年》办成单纯研究文史哲的学术刊物。陈独秀一怒之下决定将《新青年》迁到上海办，他说《新青年》是他一手创办的，不能任由胡适这班右派教授们左右。

到上海后，陈独秀将他在渔阳里二号的住所作为《新青年》编辑部的办公地，又在法租界法大马路上办了一个发行所，办理出版发行事务。陈独秀约见沈雁冰就是商议在上海筹备出版《新青年》事宜的。与沈雁冰一起受到邀请的还有陈望道、李汉俊、李达几个人。

沈雁冰虽然早从《新青年》上认识了陈独秀，但这是第一次见到他本人。在他眼中的陈独秀，举止随便，说话和气，没有一点名人、大人物的派头。那时陈独秀已经40多岁，在青年沈雁冰看来是个智慧长者，还没有后来的家长式作风。陈独秀是从一些朋友那里和沈雁冰发表在报刊上的文章知道他的。他感觉沈雁冰是一个思想进步，眼界开阔，积极参与新文化运动的青年，又是在商务印书馆专门从事编译工作，所以希望听听他对在上海出版《新青年》的建议。陈独秀料到《新青年》迁到上海出版后，胡适那一班人可能不再给编辑部写稿，因此需要在上海多联络一些撰稿人，他请陈望道等人在这方面多做些工作。

渔阳里的这次晤谈之后不久，《新青年》第8卷第1号，也就是迁沪后出版的第1期，在5月面世了。这一期的社论名曰“谈政治”，由陈独秀撰写，阐述了马克思主义的基本原则，正是他在渔阳里那次长谈中谈及的问题。这一期《新青年》的出版，标志着“结束了过去的以‘文学革命’为中心任务的《新青年》，而开始了以‘政治革命’为中心任务的《新青年》”。

这一期《新青年》封面上有一个并不惹眼的小小图案：一东一西两只大手，在地球上紧紧相握。它暗示了《新青年》主张的政治革命与俄国十月革命的关系，因为从这一期起，《新青年》专门开辟了“苏俄研究”栏目，介绍当时苏联的政治、经济、文化建设、妇女解放等消息，这个小小的图案其实还传递了一个更为重要的信息，当然那是在几个月之后才为人们所知，即上海共产主义小组的成立。正是在这一期

◎《新青年》原位于北京箭杆胡同的编辑部

《新青年》出版的当月，陈独秀与李汉俊、陈望道等具体讨论了发起成立上海共产主义小组的问题，这一次沈雁冰没有被邀参加。

1920年7月，上海共产主义小组成立了，发起人有陈独秀、李汉俊、李达、陈望道、沈玄庐、俞秀松。10月，沈雁冰经李汉俊介绍，加入了共产主义小组，同时加入的还有邵力子。

沈雁冰加入共产主义小组时，正赶上共产主义小组在筹备出版一个理论宣传刊物，以适应准备建立中国共产党的理论宣传工作需要。李达是这个刊物的主编，沈雁冰一加入共产主义小组，李达就约他为刊物撰写文章。这个刊物取名《共产党》，秘密发行，与《新青年》不同，专门宣传介绍共产党的理论与实践，刊载第三国际以及苏联和各国工人运动的消息，撰稿人都是共产主义小组的成员。沈雁冰很快就为《共产党》翻译了《共产主义是什么意思》等4篇文章，发表在该刊第2号上。通过翻译这些文章，他初步懂得了什么是共产主义，共产党的纲领和内部组织是什么样的，以及无产阶级革命的实践包括哪些方面的斗争等等。

沈雁冰加入共产主义小组并且参与《共产党》的理论宣传工作，并没有影响他在商务编译所的工作，只是需要翻阅的报刊书籍更多了，需要撰写翻译的文章更多了。他通过美国的伊文思图书公司和日本东京的丸善书店，不定期购买英、美出版的新书和各种杂志，以便更多地了解外部世界的文化、思想、文学、政治、社会等各方面的最新动态和各种新的思想、流派。

被沈雁冰称作“半革新”的《小说月报》，并没有取得王莼农预期的效果，相反是每况愈下，到了接近年底的时候，印数跌到只有2000，这对商务来讲，已经是保不住本钱的买卖了。王莼农请沈雁冰主持“小说新潮”栏，原是想以此吸引新的青年读者，也显示《小说月报》是在顺应时代潮流的变化。然而，当时新文化与旧文化之间的思想交锋是非常激烈的，非新即旧，几乎不共戴天，容不得调和折衷。《小说月报》一向是“鸳鸯蝴蝶”派的势力范围，他们哪里容得新文化插进一只脚来，而思想激进的新青年也不满足只鳞片爪的革新，其结果自然是费力不讨好，两边都不买账。《小说月报》在王莼农手里成了“鸡肋”，使他左右为难。权衡再三，特别是还有商务印书馆方面经济考虑的压力，王莼农终于提出辞职。

张元济、高梦旦他们对于王莼农的辞职并不感觉意外，也没有什么惋惜，他们已经物色好了一个人选——沈雁冰。从沈雁冰进入商务编译所以后的工作表现看，他们发现这个年轻人学问扎实，业务能力强，知识面宽，特别是近两年思想活跃，与新文化阵营方面的联系多，正是合适的人选。

在此之前还有一个小插曲：张元济与高梦旦在王莼农提出辞职后曾去过一趟北京，他们约见过郑振铎等一些文学青年。郑振铎等人当时正在酝酿办一个文学期刊，因此要求商务印书馆出版一个由他们主编的文学杂志。张元济、高梦旦无意再出版新的刊物，正好王莼农辞去《小说月报》主编之职，他们顺水推舟，表示可以改组《小说月报》，但主编要由商务的人来做。郑振铎等人于是转而主张先成立一个文学社团，然后考虑办刊之事。

从北京回到上海后，高梦旦即约沈雁冰在他的会客室谈话，告诉他王莼农已经辞职，《小说月报》和《妇女杂志》都要重新聘请主编。他说："馆方鉴于你这一年来主持'小说新潮'栏目颇有成效，且帮助这两个刊物革新面目，写了不少文章；同时认为你有能力和才干，所以拟聘请你担任两个刊物的主编，不知你的意向如何？"沈雁冰对于主编《小说月报》很感兴趣，也很有信心，立即表示同意。但他同时声明，不能像王莼农那样兼顾《妇女杂志》，只能集中精力办好一个刊物。高梦旦没有坚持，只询问沈雁冰何时可以拿出全面改革《小说月报》的具体办法。

由沈雁冰主编并且全面革新《小说月报》的事情，就这样决定下来了。

在高梦旦会客室的这次谈话，又给了沈雁冰一个机会，使他很快便脱颖而出，成为新文学运动中的一员骁将。当然，与其说是商务编译所选择了沈雁冰，不如说是沈雁冰恰逢其时，接住了时代抛给他的一个良机。

沈雁冰全面考虑了一个改组《小说月报》的方案之后，向高梦旦提出了三点要求，作为担任主编的条件。高梦旦满口答应，只提醒沈雁冰，改革后第1期的《小说月报》，也就是第二年1月1号的稿子，两个星期必须开始发排，40天内结束排版、校对、印装的全部工作，才能按时出版。这对于一本大型月刊是非常紧张的运作周期。高梦旦似乎并不太担心，他知道沈雁冰经常为许多刊物撰稿，熟人多，会有办法备齐稿件的。

虽然是在仓促之间受命主编一个刊物，而且要做全面改革，沈雁冰胸中倒也已经有了大半的把握。主持“小说新潮”栏目积累了不少经验，也积累起许多稿源，所以第1期《小说月报》需用的论文、译作已不成问题。没有把握的是创作方面。原来王莼农把持《小说月报》创作稿源，沈雁冰插不上手，所以交往的熟人，特别是在上海的熟人中没有搞创作的，一时间从哪里去找到足够篇幅的小说作品呢？情急中他想起了上一期刊登的一篇作品的作者王剑三。这篇小说风格新颖，引起他的注意。作者的通信地址，来稿登记上可以查到，是在北京。

◎1921年1月，文学研究会在北京中央公园（今中山公园）成立合影

沈雁冰立即写了一封约稿信，用快信寄给王剑三（他那时还不知道王剑三就是王统照）。他在信中同时告诉王剑三，由他主编的《小说月报》将完全革新，请他约朋友们为刊物写稿。

没过几天，沈雁冰就收到了回信，但不是王剑三写的，是他不认识的郑振铎，因为高梦旦还没有对他说起在北京会晤过郑振铎的事。郑振铎在信上说，他的约稿信王剑三拿给他们北京的一班朋友都看了，大家都愿意提供稿件。信中还说到这班朋友正在组织一个从事文学活动的团体，由周作人等人发起，名称叫作“文学研究会”。他们邀请沈雁冰参加，并且作为发起人。

沈雁冰看了来信非常兴奋。郑振铎的这班朋友和由周作人牵头的这些“文学研究会”发起人，有许多位他是知道的，他们从事新文学创作或新文化活动。以此为依托，《小说月报》的全面革新应该是胜券在握了，此前不太有把握的第1期创作栏目，有这些搞创作的朋友相助，最后发稿期前集齐稿子，想必是不成问题的。

沈雁冰立即提笔拟写了一篇“本月刊特别启事”，首先向读者宣布《小说月报》从1921年1月1号起全部革新，然后介绍了分门别类的新栏目。“启事”最后特别列出一则说明：“本刊明年起更改体制，文学研究会诸先生允担任撰著，敬列诸先生之台名如下……”这等于是正式发布“文学研究会”成立的消息。不过当《小说月报》1920年最后一期的最后一批稿子发排时，郑振铎寄来了文学研究会的宣言、简章和发起人名单，沈雁冰以“附录”形式将其刊出。

郑振铎同时寄来的，还有文学研究会同人为《小说月报》革新号写的稿子，其中有冰心、许地山、叶绍钧、王统照、瞿世英的创作，耿济之等人的译作，周作人的评论文章等。这样，第1期的稿子就齐备了，沈雁冰起草了一篇《改革宣言》，如期发出《小说月报》第12卷第1号的全部稿件。

一个多月以来，沈雁冰忙得不可开交。虽然他顶着个主编的头衔，但大小事宜都得自己动手，连稿件都得亲自去取，就像在演“独角戏”。所谓的“小说月报社”，只有他这位主编和一名兼管稿件登记的老校对，连一位编辑也没有。那位校对，人倒是老实，能力却有限，他校过的东西，主编还需再校一遍才放心。

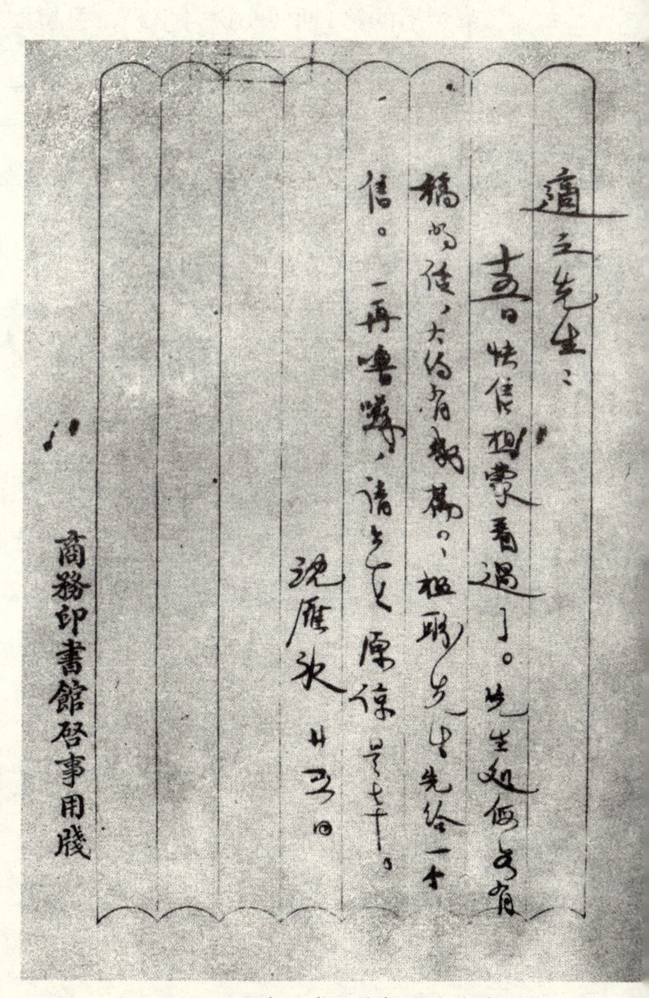
適之先生：
寄快信想蒙看過了。先生処倘有稿的話，大約有幾篇，極盼先生先給一个信。一再嚕囌，請先生原諒是幸。
沈雁冰 廿五日
商務印書館啓事用牋

◎沈雁冰写给胡适的约稿信

忙归忙，这一个

多月却是沈雁冰进入商务编译所以来，感觉最舒心的日子。他有一种英雄找到用武之地的欣喜，也产生了一股大干一番事业的冲天豪气。有文学研究会一班朋友作后援，他信心十足地憧憬着未来的轰轰烈烈。

革新后的第1期《小说月报》，引起很好的社会反响，销售情况也不错，5000册一经发出，很快告罄，这已经是前一期印数的两倍半了。商务设在各地的分馆纷纷来电要求下一期多发，于是第二期就定了7000册的印数。

但是在商务印书馆内，并不是所有的人都为《小说月报》的革新拍手称快，那些顽固守旧的人物都在冷眼相看。第1期发刊不久，沈雁冰就收到一本尚未开封便退回来的《小说月报》，退刊者是陈叔通。沈雁冰是按馆内的惯例给各部门和馆里的头头脑脑们分送刊物的，陈叔通显然以此表示他对新《小说月报》的不满。沈雁冰原本不知道陈叔通何许人也，同事告诉他，这是商务印书馆总管理处一个握有大权的大人物。沈雁冰还沉浸在胜利的喜悦中，对此只是付诸一笑。“这种无言的‘抗议’，至多不过表达一下无可奈何花落去的慨叹罢了。”

到这一年年底的时候，《小说月报》的印数已经增长到10000册。商务印书馆内保守的势力对于新文化、新思想的憎恶之心，似乎抵不过孔方兄对于他们的诱惑之力，至少在此时，沈雁冰可以从心所欲地去追逐那个最终目的。但他能一帆风顺下去吗？

十四　母亲心里打起鼓

沈雁冰是1920年12月初接手《小说月报》主编工作的，为保证新《小说月报》能按期出刊，这一年年底和第二年初这段时间就得全力以赴，而这段时间恰好又进入农历的岁末，所以沈雁冰决定不回乌镇过年了。

离家在外读书、工作这么多年，年年春节都是要回家过的。这次算个例外，沈雁冰提前写信告诉了母亲。他没料到母亲回了一封措辞严厉的信，要他马上找好房子，她们婆媳二人搬来上海住。

原来，陈爱珠心里还记挂着年初时生出的那个疑虑呢。虽然沈雁冰当时的复信暂时打消了她心中的不安，但毕竟没有明问起儿子有没有结交女朋友之类的事，现在儿子说过年都不回家了，主编一个刊物就真能忙成这个样子吗？她心里开始打鼓，那份被打消的不安，不但重新涌起，而且更强烈了。

沈雁冰接到这封家信后意识到问题的严重性，母亲从来没有用过这样严厉的语气和他讲话，必须马上解决搬家问题。可这正是他夜以继日忙得不可开交之时，根本抽不出身去找房子，只好仍托付福生去找。

孔德沚这时已怀孕了，找的房子要能安顿一家三代人住，至少也要有三间正房。在商务编译所所在的宝山路附近，要找到这样一处房子还真不容易，福生找了十多天也没有结果。急着要办的事，急切之中却又办不成，沈雁冰也无可奈何，只好再拖一拖。母亲这个年恐怕过得多少会有几分不愉快，没办法，沈雁冰只能在心里感到内疚。

过完年不久，已经是1921年的2月底，福生终于为他在宝山路鸿兴坊找到一处一楼一底带过街楼的房子。沈雁冰看了这处房子非常满意，过街楼那一间两面有窗，光线充足，空气流通，夏天也凉快，就决定租下。但原住的房客要他出一笔150多元的“顶费”，才肯出让。这笔“顶费”是原房客住进来时花去的装修费、电灯电线费等。他搬出了，要新房客付一部分钱也是合理的，但这个房客索要的“顶费”超出合理价六七倍。沈雁冰虽然觉得太贵，但是这个带过街楼的房子特别中意，而且母亲那里催得紧，他咬咬牙如数付了这笔“顶费”。

沈雁冰这边把租下的房子略事整理，添置必要的家具，乌镇那边母亲已经收拾停当，携孔德沚启程了。

婆媳二人是乘内河小火轮赴上海的，沈雁冰请福生和他一起去戴生昌码头接船，以便帮助照看行李。母亲和德沚这一次搬家是真打算把家安在上海了，带的行李雇了两辆黄包车才装下。

一走进鸿兴坊的新家，陈爱珠顾不上坐下喘口气，先里里外外看

◎沈雁冰

了一遍房子，她对这处房子的格局、大小都还满意，儿子新添置的几件家具也觉得可心，看到儿子房间的一只书橱里光是外文书籍就足足有两三百本，她释然一笑道：“怪不得你的薪水不够花，还要写文章赚外快，这些洋书很贵吧？”

沈雁冰心里一块石头落了地。他知道母亲打消了疑虑，于是回答道：

“书贵贱倒不是主要的，做学问写文章需要学习参考的书，贵也得自己购置，主要还是国外新书多，不及时翻阅，脑子里边的东西就会落伍。好在我的薪水又增加了，因为作《小说月报》的主编，今年1月开始，我的月薪增加到100元。”

“每月有百元收入，这个小家庭的开销自然是尽够了，也够你买书的花费，平时不要再开夜车，少写点文章，保养身体要紧。”陈爱珠嘱咐罢儿子，又转向孔德沚说：

“德沚，你来上海了，德鸿的日常起居你就要多操心了。以后每天晚上监督着德鸿，不要让他看书写文章。”

孔德沚点头称是，进屋去收拾行李。

母亲、妻子都搬在一起住，沈雁冰的意思是雇一个女仆料理家务，但母亲坚持自己下厨房。儿子工作繁重，儿媳有孕在身，她要让他们吃好，怕女仆做的饭菜不可口，所以只雇了一个年轻能干的女仆专管洗衣买菜。当年管理一个大家都能有条不紊、得心应手的陈爱珠，调理这样一个小家简直易如反掌。孔德沚不久就进入爱国女校的文科去读书，家里没有什么事情需要她做。

爱国女校不是正规的中学，但程度比一般的中学稍微高一点。孔德沚虽然几进几出学校门，但在家里跟着婆婆学习，已经达到高小毕业的文化程度，所以进入爱国女校后，功课还能勉强跟上，毕竟选的是文科。

上海的女校到底不比乡村小镇的女校那样散淡，每天功课安排得很紧。这所学校离鸿兴坊又很远，孔德沚每天一大早去上课，中午赶回来吃午饭，放下筷子匆匆忙忙又得赶去上下午的课，傍晚6时以后才能回家。这样紧张的生活，孔德沚从来没有经历过，每天吃罢晚饭后，疲惫就已传遍全身，唯一想做的事是倒头睡去。

沈雁冰还是按照过去在家里的习惯，晚饭后陪母亲聊聊天，排解一下母亲一天操心家务的劳累，这是沈家良好的家教养成的习惯。孔德沚也一起陪着谈天说地，但一过了9点就接连不断地打起呵欠来。婆婆体谅儿媳读书的辛苦，就催着儿子、儿媳早早睡觉。

爬格子、做学问的人哪里早睡得了，熬夜熬成习惯，都熬成夜猫子了。沈雁冰一进他们的房间，就打发孔德沚先睡去，他自己伏身在书桌前看书写文章。孔德沚是头一落枕头，就呼呼进入梦乡，全然忘记婆婆叮嘱监督丈夫的话。沈雁冰每晚都要午夜以后才就寝，这中间，孔德沚有时懵懵懂懂醒来一次，看见屋内灯光闪亮，会含含糊糊地问上一句："你还没睡？"然后便转过头去又进入沉睡中。

5月底的一天，沈雁冰从《小说月报》编辑部下班回家，意外地见到弟弟泽民正在母亲房间里。他心里好生奇怪：此时是学校里期末考试的前夕，功课正紧张着，泽民怎么跑到上海来？恐怕为春天来信时提到的那件事？他正待讯问泽民，母亲却先开口说道：

"老二今天上午就到上海了，跟我纠缠个不休，说是要退学。这一下午我也想好了，既然泽民对河海工程没有了兴趣，勉强学下去，没有意思，也未必学得好，我已经同意他退学。"

沈雁冰听母亲一说，觉得非常意外。春天的时候，泽民曾来信，说他思想变动很大，对于研究政治的兴趣越来越大，因而，对于桥梁建筑、公路工程的课程就越来越感觉枯燥乏味，在课堂上甚至完全听不进老师讲课，他想退学，改学政治。泽民这时距完成学业毕业，只剩下半年时间了，沈雁冰劝他无论如何先毕了业，再考虑学政治的问题也不晚。后来又劝他可以退一步，一面读书，一面参加校外的一些政治活动，总之是要拿到毕业证书。兄弟俩之间的这些来往信件，沈雁冰都让母亲看了，也请母亲去信劝说泽民，阻止他中途退学，母亲为此也写了信。此后泽民没再提及退学的事。

其实，早在一年多以前，沈雁冰就发现弟弟对政治产生了浓厚的兴趣。那时他正与孙毓修在南京江南图书馆，为商务印书馆拟出版的

《四部丛刊》选合适的善本，常同泽民见面。他感觉泽民是受到五四运动和新文学运动的影响，他们一见面，泽民就大谈政治，发表他对各种政治问题的见解，还谈论文学，他已经翻译了不少外国文学作品。这两个话题，兄弟两个谈起来是很投机的，泽民只是没有哥哥那样持中、稳健，对什么问题的看法都更激进一些。但沈雁冰还是有点担心，不是因为泽民的激进，而是担心他因此影响学业。他提醒泽民说，母亲的愿望是要他学好水利工程，因为父亲的遗愿自己已经不能完成，只有靠他了。他要求泽民不要让政治和文学的兴趣超过对于学业的兴趣，影响到课程的学习，辜负父母的殷切期望。泽民也表示同意，他在学校里各科的学习成绩都是冒尖的，沈雁冰知道这一点。

然而，不久以后，也就是1919年11月1日，沈泽民就与同学张闻天等人发起成立了少年中国学会南京分会。少年中国学会是由李大钊等人在五四运动以后发起成立的，总会设在北京，参加这个学会的有许多思想进步的知识分子。是不是因为参加政治活动太多，使泽民没有精力去读书了呢？

想到这里，沈雁冰还是用劝说的口吻对泽民说道："对政治有兴趣，从事社会活动，也要有个立身之处。马上就拿到手的毕业证书你放弃不要，离开学校怎么找一份工作呢？"

"我同意泽民过几天到日本去半工半读。"母亲在一旁插话说。

这更让沈雁冰没有想到，问泽民说："为什么想到要去日本？"

"我想要更好地学习了解社会主义学说。"沈泽民回答道，"国内英文的社会主义理论书籍很难买到，而日文的却很多。我去日本可以半工半读，就是为了专门学习日语以便研究社会主义学说。”他还告诉母亲和哥哥，张闻天也和他一起退学，相约一起到日本去。张闻天已经先期回家，可以搞到一笔钱，大概再过两三天就能来上海和他会合。

沈雁冰想到母亲既然已经做了决定，泽民又是这样坚持，自己也是无可奈何的，便不再说什么。

母亲这时又对沈雁冰说：“去一个人生地不熟的外国读书，半工半读怕也不容易，而且会分散精力。我已经给了泽民1000元，这是原来留着给他结婚用的。我想，他现在准备干革命，又没订过婚，谁知将来会找个什么样的女人。即便将来有中意的女人结婚，料想也不要花什么钱，不像你当初是订了婚的。倒不如现在给了他，了却我一桩心事。”

沈雁冰点点头，心想：母亲到底豁达，拿得起，放得下。泽民这么件大事，可能关系到他今后一生的路怎么走，母亲说决定，当即就决定了，没有一点拖泥带水。其实泽民做出这样的选择，何尝不是学了自己的样子呢？自己却还在那里顾虑重重。虽说作为兄长，应该为弟弟想得周全一些，多为母亲分担生活压力，但泽民毕竟是早已有了自己主见的成年人，还是母亲的考虑恰如其分。

见两个儿子都不再说什么，母亲笑着叹了口气说：“你们父亲的遗愿是要你们兄弟二人都学理工。如今可倒好，一个搞了文学，一个工科学了四年，马上文凭到手了，又不肯学下去，还要退学。这世界的变化真是太大了，你们父亲何曾料得到！我如今这样干，你们父亲在天若是有知，大概会怪我的。”

沈雁冰兄弟两个见母亲的话语中带出几分感慨，便一齐安慰她。母亲却笑道：

“不用你们安慰。我想得开，不然也不会同意你们选择的路。人世间的事总要变的，你们今后的生活是个什么样子，我不知道，但是你们走的路是对的。我也不怕你们父亲怪罪我，他如果活在世上，说不定也会走这条路呢。”

十五 钟英小姐之谜

沈泽民与张闻天直到7月份才去了日本，他们进了一所专教中国人学习日语的日本语学校。沈泽民学习之余，常给《小说月报》翻译或编写一些稿子以补贴日用。有当着主编的兄长，也算是近水楼台吧。

也就是在这个7月，在嘉兴南湖的一只游船上，中国共产党宣告

◎中共一大会址

诞生了，沈雁冰以上海共产主义小组成员的身份，成为中国共产党最早的50余名党员之一。虽然沈雁冰生活中大大小小的事都要告知母亲，但这件事他没有对母亲讲，更没有告诉孔德沚。

孔德沚在爱国女校的学习还是颇感吃力，因为她在正规学校学习的时间太少，在家里时主要是跟着婆婆读一些书，所以文字表达能力差，写起作文来特别困难。沈雁冰的工作尽管很繁忙，总是尽量抽出晚饭后的时间为德沚讲讲功课，同时也讲他关于中国妇女运动的那些见解和对于女性人生的那些构想。这些大大开阔了孔德沚的思想和眼界。

其实早在1919年，沈雁冰就有意引导孔德沚参加社会活动，他不想自己的妻子只是个守旧传统的贤妻良母。他与孔德沚、沈泽民参与发起成立了一个以他为核心人物的桐乡青年社。青年社的成员时常一起读书，讨论社会问题，后来还自己编辑印行了《新乡人》月刊，沈雁冰当然是主要撰稿人。

由于沈雁冰经常为孔德沚讲解文章写作技法之类的知识，也因为眼界越来越开阔，孔德沚落笔作文时的思路活跃、丰富得多了，写作水平提高很快。沈雁冰是以写文章、作编辑为职业，难免不用职业的眼光去看待孔德沚写的作文，总觉得还不够好，有时就会越俎代庖，直接“插手”妻子的作文。于是，孔德沚在全校居然以善写文章而闻名，这让几个月前眼见着孔德沚写作文感觉吃力的老师和同学们不能不刮目相看，也令孔德沚内心里感觉着很大的压力。虽说自己并非想沽名钓誉或是争个高分数，丈夫也是出于对自己的关爱，但是万一同学们知道此中缘故，自己怎么下台啊！不过最近一段时间，丈夫有好几次回来很晚，晚饭也没有在家中吃，自然顾不上看她的作文。这样也好，可丈夫为什么回来这么晚呢？问婆婆，婆婆也说不知道。

沈雁冰回家晚原来是为了参加党的活动，因为加入中国共产党的事没有告诉母亲和妻子，所以参加党的活动也就无法说起。

中国共产党宣告成立的同时选举陈独秀为总书记，但那时他还在广州。陈独秀在共产国际代表马林的极力主张下，9月份回到上海。恰好此时商务印书馆听说陈独秀回到上海，想请他担任馆外名誉编辑，就派沈雁冰去探询陈独秀的意思。陈独秀告诉沈雁冰，他同意担任名誉编辑，但不愿做繁琐的编辑事务，所以月薪不必多，他主要工作是处理党务，有能维持生计的薪水就行。结果是，商务答应每月付给他300元薪金，不需要为商务审阅稿件，每年由他自定题目写一本小册子就可以了。

这样，陈独秀在上海安顿下来，仍住在法租界的渔阳里二号。陈独秀的寓所就成为沈雁冰他们开支部会议的地点，他们这个支部的成员有陈望道、张国焘、邵力子等人。

支部会议每周召开一次，总是在晚上8点以后开始，因为大家白天各自都有工作要做。会议时间的长短，因每次会议内容的不同而不同，但总得到了11点以后。此外，每周还有一次学习会，学习马列主义，时间倒是安排在下午。

◎陈望道

沈雁冰住的闸北距法租界很远，每次支部会开完赶回家中，早则午夜零时，迟则次日凌晨一点。工作时间晚，对沈雁冰来说倒不是什么困难，长年读书、写文章，早就习惯熬夜了。但是现在不比原来，孤身一人住在商务编译所的宿舍，天马行空，来去自由。有家室在一起，晚间出来活动，总得有个什么理由告诉家人，免得母亲、妻子担心，或者还会生出什么疑虑来。好几次回来晚，都是对母亲和德沚说在朋友家里约稿，商谈编辑事务，但总是以此为由，迟早会引起母亲和德沚的怀疑。

思来想去，沈雁冰觉得还是如实告诉母亲、妻子的好。他征得了支部的同意，把自己加入中国共产党，每周必需参加一次支部会议的情况向母亲、妻子作了说明。母亲很平静地听完了儿子的话，她相信儿子做出的政治选择。德沚就更不用说了，丈夫本来就是她打开眼界、接触到社会活动的“老师”。母亲还提出了这样的建议：“既然路那么远，何不把你们的支部会议安排在我们家开呢？”

沈雁冰解释说：“支部里有的同志离闸北很远，如果会议放在我们家，他们就会像我现在这样很远地跑来，夜深了才能回去，这样也不好。”

“我倒忘了这一层。”

孔德沚在旁边插话道：“你什么时间回来，我都会给你等门，反正晚上我也要准备功课。”

母亲却体谅儿媳读书的辛苦，说道：“你年轻贪睡，第二天还要赶早上学，还是我来等门。我上了岁数，觉睡得少，再说德鸿没到家，我也睡不安稳。”

从这以后，沈雁冰每周一次深夜从渔阳里回家，都是母亲在等门，待他歇息后母亲才睡下。

这一年的冬天，渔阳里二号陈独秀寓所进进出出的共产党活动，引起了法租界巡捕房的注意。在冬末的一次小型聚会上，法国巡捕闯进来，查抄了渔阳里二号，拘捕了当时在场的陈独秀、高君曼夫妇以及包惠僧、杨明斋、柯庆施等人。

共产国际代表马林立即请了一名外国律师为陈独秀等人辩护，事情很快得以结案。结案的罪名是：《新青年》有过激言论，妨害租界治安，姑念初犯，罚款5000元以示警戒。

事情结案以后，陈独秀仍然回到渔阳里二号居住，但那里已经不便作为开会的地点。每周一次的支部会议改为不固定会址，随时转换地点，有时就在沈雁冰在闸北的家中开。每逢这时，沈雁冰不太宽敞的家中就显得拥挤了许多。孔德沚和婆婆殷勤地招待大家茶水，而且一定要等到送走所有的人才去就寝。沈泽民从日本回国后加入中国共产党的支部大会，就是在鸿兴坊的这个家中举行的。

渔阳里二号被查抄后，原来以陈独秀寓所为办公地点的党中央各部，也另外租了房子办公。此时，一些省的党组织陆续建立起来，党中央和各省党组织之间的信件联系、人员往来日渐频繁。然而，固定的办公地点，不适宜这样进进出出的往来，还需要一个不易被注意到的联络员。党中央认为，沈雁冰在商务印书馆主编《小说月报》，与各地作者、读者有经常的、广泛的联系，是个很好的掩护，所以委派他为直属中央的联络员，编入中央工作人员的支部。外地给中央的信函都寄到沈雁冰处，外地有人来上海找中央联系工作，也先找到沈雁冰。当时由周恩来负责的中共旅欧总支部向中央报告工作和汇寄所出版的书刊，亦寄沈雁冰转交。周恩来回国负责中央工作时特别嘱咐，给他本人的工作报告等同样由沈雁冰转交。

从这以后，沈雁冰每天收到的信件更多了，来上门拜访的人也多了。这作为一个大刊物的主编的工作，自然不会引起周围同事，更不用说外界的注意了。沈雁冰每日需把外地寄给中央的信函汇总送达。逢到有人来找中央，他先与对方对上暗号，问明来人所住旅馆，将这些情况报告中央后另有人去联络。这样一来，沈雁冰必须每天去编译所办公，以防外地有人来访时错失接头的机会，工作自然又格外繁重了许多。但在不知就里的人看来，这位《小说月报》的主编真可谓是交际广泛，兢兢业业。

◎沈雁冰

不过，这期间也发生了一件险些引出麻烦的事。问题是由那些信件引起的。

由于各省给中央的信函都先寄到沈雁冰处，所以信封上的收件人自然是沈雁冰，但外封内另有内封，内封上则写了一个化名“钟英”，而且称呼为小姐。《小说月报》那位兼管稿件登记的老校对，照例要对每天收到的稿件进行登记，看见内封上写有请沈雁冰“转交钟英小姐”一类字眼的函件，当然不会拆开，但看到的次数多了，免不了将此事传开。这样，编译所内许多同事都知道沈雁冰有个叫钟英小姐的朋友。有人就问起这位钟英小姐何许人也，沈雁冰也只能支吾过去，于是，更引起人们的猜疑，还有人想到沈雁冰是不是有了情人这样的事。

当然多数人不会往这方面想。他们知道沈雁冰只身一人住在商务宿舍时尚且没有什么“桃色新闻”，何况现在他的妻室已经搬来上海，他们只是疑惑而已。解开这个疑惑的是郑振铎。

郑振铎于一年前的春天，在北京的铁路管理专科学校毕业，分到上海西站当见习。不久，他受聘于《时事新报》，任副刊《学灯》的编辑，就与铁路管理绝了缘。郑振铎来到上海以后，与沈雁冰的合作更方便、更密切了，他们创办了《文学旬刊》作为文学研究会的会刊，附在《时事新报》发行。

这一年的5月，郑振铎也进了商务编译所，他是应邀筹办中国第一个专供儿童阅读的定期刊物《儿童世界》周刊的。郑振铎虽然不在《小说月报》兼编辑，但一直为《小说月报》拉稿，现在人进了商务，近水楼台，这方面工作就做得更多。加以沈雁冰担任中央联络员后，跑路的时间多，没有时间写稿、约稿，许多事就托郑振铎去办，郑振铎也当仁不让。有一次，他见到寄给沈雁冰的信件中有一封写着“沈雁冰先生转交钟英小姐玉展”的字样，想起同事之间传闻的疑惑，也出于好友之间的亲密无间，便贸然拆开一探究竟。不料拆开来一看，却是中共福州市委致中共中央的一封密函，原来“钟英”乃“中央”的谐音。这让郑振铎大吃一惊。他只是感觉沈雁冰一段时间以来的社会活动增多了，却没想到沈雁冰已经加入了中国共产党。

无意中探知了好友的一个秘密，郑振铎虽然感觉意外，但十分理解。像他这样具有民主进步思想的青年知识分子，对共产主义，对中国共产党虽然还不十分了解，但是抱着同情的态度，何况沈雁冰又是他非常信任、理解的朋友。所以，他不仅帮助沈雁冰保守这个秘密，而且为之解疑释惑，还从旁配合沈雁冰的联络员工作。

沈雁冰与“钟英小姐”的“关系”一直持续到1925年的春天。

十六　文阵之中战事酣

“钟英小姐”的称谓只是一个偶然的巧合，但沈雁冰在这一时期对于政治活动和文学活动的热情和投入，简直称得上是“以身相许”。白天搞文学，晚上夜深人静了搞政治活动，根本无暇顾及妻子、儿女。这期间他和孔德沚已经有了一儿一女，家中事务全仗着母亲料理。

从主编《小说月报》起，沈雁冰的文学活动差不多就是围绕着几场文学论战展开的。这几场文学论战都是以文学研究会为一方，沈雁冰总是论战中的“主攻手”。

◎沈雁冰（右坐者）与叶圣陶（右起）、郑振铎、沈泽民1921年3月在上海半淞园

第一场论战是在文学研究会与“鸳鸯蝴蝶”派之间展开的，沈雁冰又将它称

为“礼拜六”派，这是以“鸳鸯蝴蝶”派最早的一个刊物《礼拜六》命名的。

自从沈雁冰主持《小说月报》全面革新以后，“鸳鸯蝴蝶”们失去了这个重要的领地，他们对沈雁冰、《小说月报》、文学研究会的攻击就没有停止过。沈雁冰在《小说月报》第13卷第7号上发表了《自然主义与中国现代小说》一文，算是对“鸳鸯蝴蝶”们一年多攻击的答复。由于他在这篇文章中批判了“鸳鸯蝴蝶”派“浅薄的慈善主义”嘴脸和“封建思想”的“各色各样的翻版”的本质，而且不作谩骂和人身攻击，只作义正辞严的分析批判，所以引起了“鸳鸯蝴蝶”派小说读者们的注意和深思。这当然令“鸳鸯蝴蝶”们更加恨之入骨，除了骂声不断，还向商务印书馆施加压力。

第二场论战是在两个新文学社团——文学研究会与创造社之间发生的一场遭遇战。文学研究会和创造社是五四新文学史上最早成立的两个文学社团，也是新文学史上最重要、影响最为广泛深刻的两个文学社团。

就在沈雁冰、郑振铎他们在《小说月报》上刊出文学研究会成立宣言、简章的同时，一批在日本留学的文学青年也在酝酿着成立一个文学社团——创造社。他们是郭沫若、郁达夫、成仿吾、张资平、郑伯奇、田寿昌等人。这两个几乎同时成立的新文学社团，却从一开始就表现出大相径庭的文学追求和美学理想，并且立即诉诸一场难解难分的文字大战。

创造社一班文学青年都是正在日本留学的学生。他们所学大多并非文学，郭沫若学医，郁达夫攻经济，成仿吾入工科，张资平读矿业……但是他们都对文学具有浓厚的兴趣，并且立志要以自己的创作实践创造真正的新文学作品。这从他们为社团所起的名字即可看出。不过，他们大多尚未步入文坛，或者至多只能算初入文坛。或许是年轻气盛，或许是看到文学研究会一批已经叱咤新文坛的作家心中有所不服，于是，在创造社创办的第一个刊物《创造季刊》的创刊号上，便刊出了沈雁冰、郑振铎以为是攻击他们的文字。

◎创造社作家们，右起：成仿吾、郁达夫、郭沫若、王独清

郁达夫在《艺文私见》一文里宣称："文艺是天才的创造物，不可以规矩来测量的"，时下的中国却是"新旧文艺闹作了一团，鬼怪横行"。他无情地讥讽"现在那些在新闻杂志上主持文艺的"，是些"假批评家"，只有把他们驱赶到"清水粪坑里去和蛆虫争食物

去”。“那些被他们压下的天才”，才能“从地狱里升到子午白羊宫里去”。

在一篇题为《海外归鸿》的信中，郭沫若也写了这样一段话：“我国的批评家——或许可以说是没有——也太无聊，党同伐异的劣等精神，和卑陋的政客者流不相上下，是自家人的做作译品，或出版物，总是极力捧场，简直视文艺批评为广告用具；团体外的作品或与他们偏颇的先入之见不相契合的作品，便一概加以冷遇而不理。他们爱以死板的主义规范活体的人心，甚么自然主义啦，甚么人道主义啦，要拿一种主义来整齐天下的作家，简直可以说是狂妄了。”

沈雁冰、郑振铎看到这两篇文章，认为是针对他们的（事实上也确实如此），极为愤愤不平。他们觉得一年来努力提倡新文学，大力推介进步的外国文学作品，坚决反对“鸳鸯蝴蝶”派的低俗倾向，却被创造社扣上“党同伐异”、“压制天才”的罪名，委实是不能接受，也不能容忍的，于是“愤”起反击。

沈雁冰在《文学旬刊》中发表了《“创造”给我的印象》，针锋相对地反驳郭沫若、郁达夫。在文章的结尾，不无刻薄地写道：“我极表同情于创造社诸君，所以更望他们努力！更望把天才两字写出在纸上，不要挂在嘴上。”一场你来我往的唇枪舌剑，就此以笔墨铺排在双方的刊物上。论战的话题，从创作批评到文学理论，从古今中外文学作品的价值判定到外国文学作品的翻译介绍。它们涉及了文艺的本质、艺术功利观、文学创作与现实人生的关系、文学批评的标准等许多方面的问题。

双方都是写文章的好手，又都年轻气盛，双方也都有自己的刊物。于是，这些刊物变成了阵地，一篇篇文章就成了短兵相接的拉锯战。你一个回合，我一个回合，常常语露“杀机”，直斗得“昏天黑地”，最后沈雁冰、郑振铎以他们两人名义，在《文学》周报上借一篇给郭沫若来信的答复，挂起“免战牌”，创造社也“鸣金收兵”。一场持续三年的文学论争才算结束。

一场新文学阵营内的遭遇战，发展为一场文学论争的持久战，其中固然不乏宗派倾向、小团体主义在作祟，也夹杂了许多意气用事、个人攻击、揭人之疤、护己之短的弊病；但究其实质，这是文学研究会与创造社所代表的两种不同文学思潮、文学流派的交锋。它是处于开放态势的五四新文学在接受西方近现代各种文艺思潮的影响，从而在实践过程中形成五四新文学各种文学思潮、创作流派时必然要发生的一个文学现象。

在与创造社激战正酣之时，沈雁冰和文学研究会又对“学衡派”展开了第三场论战。“学衡派”以《学衡杂志》得名，它是南京东南大学的几个教授——胡先骕、梅光迪、吴宓等人组成的。

这几个教授都是穿西服的留学生出身，但提倡复古主义，给所谓“国粹”披上一件洋装，用以攻击新文化运动。鲁迅先生首先对“学衡派”展开反击。沈雁冰和文学研究会同人也积极参加了这场论战。不过，“学衡派”的复古主义本质不堪一击，所以很快就在新文化思潮的冲击下彻底垮台了。

也就是在文学研究会与创造社这两个在新文学“一条路上走的”青年们正相互交战的时候，商务印书馆内的保守势力蠢蠢欲动了。他们的目标是沈雁冰。

事情还得往前说到1921年夏季的时候，身为编译所所长的高梦旦因为自己不懂外文，在五四新文化运动的时代大潮中，益发感到主持商务编译所的事务力不从心，因为编译所内留学归来、术有专攻、通晓多种外文的人才大有人在。高梦旦征得张元济同意，亲自到北京请有留洋资历、博士头衔，在新文化运动中曾颇有风头的胡适来当这个所长。当然，胡适这时已经是北大教授中保守势力的领军人物了。胡适南下上海，在商务考察了一个多月，却推卸不干，推荐了他当年的英文老师王云五代替自己。

王云五其实没有什么学问，只是一个官僚、市侩式的小人。但他的保守倾向很得商务印书馆内守旧势力的青睐，1922年初，他被任命编译所所长。

王云五上任不久，就以沈雁冰在与“鸳鸯蝴蝶”派论战中写的文章点了《礼拜六》杂志的名，《礼拜六》将要提起诉讼为由，要求沈雁冰在《小说月报》上写文表示道歉。沈雁冰断然拒绝，并且声言要把这件事（与“鸳鸯蝴蝶”派论战）的原原本本在《新青年》杂志和上海、北京四大报刊的副刊上公布出来，看《礼拜六》还打不打官司。王云五怕事情闹大了不好收场，只得作罢。但他不死心，改明压为暗打，悄悄对《小说月报》发排的稿子实行检查。沈雁冰很快发觉了这个做法，正式向王云五提出抗议。他说当初商务请他接手主编

《小说月报》，他是有条件的，即馆方不得干预编辑方针。既然馆方违约，只有两个办法可以解决：一是取消内部检查，二是他辞职。王云五当然巴不得沈雁冰辞职，但又怕他离开商务另办杂志，所以馆方研究后同意沈雁冰辞职，但坚决挽留他继续在编译所工作，并给予做事的充分自由，一切由他自己提出。

沈雁冰这时其实已经很想离开商务印书馆了，因为馆内整个的文化氛围与他热情从事的新文化活动和政治活动格格不入。但是，陈独秀得知此事后，坚持要他留在编译所。陈独秀考虑的是，沈雁冰目前的工作身份最适合担任中央联络员。若是他离开商务，中央需另找联络员，但暂时又没有合适的人选。

这样，沈雁冰同意了商务馆方的安排，只做图书编辑工作，编辑什么书，由他自己考虑。《小说月报》的主编，从第14卷，也就是下一年的1月起由郑振铎接任。商务印书馆安排郑振铎接任《小说月报》主编，是想向外界表示，主编虽然换了，办刊宗旨不变。他们毕竟还要识时务，不能背离新文学发展壮大的历史趋势。

十七　那一群早期共产党人

还是在1921年初冬时节，陈独秀与当时中共中央宣传主任李达商议，提出了创办一所培养妇女干部的学校的想法。办这样一所学校，既可以为党培养从事妇女运动的干部，又可以作为掩护地下活动的机构。他们的设想得到中央同意，并派李达兼任校长，具体筹办的事情由李达和他的妻子王会悟负责。

王会悟与李达是1920年下半年在渔阳里二号陈独秀家里结为夫妻的，婚事由陈独秀的妻子高君曼一手操办。沈雁冰这个比他年龄小几岁的表姑母已经不是三年前湖郡女塾里那个热情激进、有些毛躁的女学生了，孔德沚当初就是从她那里学习到不少的新名词。五四运动给王会悟的思想带来很大震动，她毅然只身离开家乡来到上海。几经周折后，在上海学联的介绍下，她进入上海中华女界联合会，在会长黄兴的夫人徐宗汉那里做文秘工作。在这里，她认识了来女界联合会联系工作的李达，两人情投意合，很快热恋起来。

王会悟后来加入了由陈独秀创办的中国社会主义青年团，这是一个准共产主义小组。中国共产党筹建期间，王会悟协助李达为成立大会选择安排了会场和代表住宿地。在“一大”召开时，王会悟担负了为会议警卫放哨的任务，她及时发现会场附近的异常情况，使代表们迅速安全地撤出。此后，她又出主意，想出去嘉兴南湖租一条游船的办法，保证了“一大”顺利圆满地结束。王会悟已经全身心地投入到政治活动中，而且成为一个办事干练的革命者。

◎平民女校旧址

学校很快办起来了，叫作平民女校。开始学生不多，而且都是外地的，本地学生一个也没有。全校学生只有二三十人，文化程度又参差不齐，便设了高级、初级两个班和一个工作部。王会悟、高君曼在高级班作旁听生，同时兼初级班的教员。高级班学生有王剑虹、王一知、蒋冰之等六人，要学习英语。沈雁冰受李达之托兼平民女校的英语教学工作，教王剑虹等六人。王剑虹后来与瞿秋白结婚，蒋冰之即是后来成为著名女作家的丁玲。

平民女校的教员都是尽义务的。沈雁冰每周三个晚上去教英语，陈独秀、陈望道、邵力子等人都去讲课，沈泽民从日本回国后也在那里讲过课。学校的主课是妇女运动和社会科学的一般知识。因为学生不多，学校就想办法吸收青年女工，为她们办起夜校，教她们识字读书，讲授一些资本家如何剥削工人、工人如何团结斗争的革命道理。

孔德沚那时还在爱国女校学习，但她很羡慕平民女校的学生，因为受到周围亲友的影响，她也向往参加妇女运动的工作。平民女校成立不久，孔德沚在振华女校时最要好的同学张琴秋也来到上海，进了平民女校。张琴秋在这里结识了沈译民。

◎瞿秋白

1923年春季的一天，沈雁冰认识了早期中国共产党人中另一个重要的人物——瞿秋白。他们是在上海大学一次教务会议上见面的。瞿秋白刚刚受命担任上海大学教务长兼社会学系主任，沈雁冰则在中文系、英文系兼职任课，讲授小说研究、希腊神话等课程。

这所上海大学是中国共产党办的第二所学校，并不是社会上那种正规大学，而是被称作“弄堂大学”的那一种，但是它为中国革命培养出了许多优秀的人才。

上海大学的开办有一点偶然性。原来这是一所叫做东南高等师范学校的私立学校，校长发财心切，打出名流、学者的招牌招揽学生。他在报刊登出广告，宣传有多少著名学者在校任教，如陈望道、邵力子、陈独秀等。于是，全国各地的许多学子慕名而来，而且都是思想倾向进步的青年。开学上课后却不见广告上的那些名人授课，学生们知道上当受骗了，就团结起来与校方斗争，索要回已交的学费，并且赶走了校长。

学生们原本就是仰慕陈独秀等具有革命思想的名人而来，其中亦有与中国共产党有联系的进步青年，于是，他们派代表找到共产党人，要求中共接办这所学校。中共中央经过认真考虑，认为还是以国民党名义出面办学，有利于这所学校的发展，从各方筹款也方便，就让学生们派代表去请国民党中著名的人物于右任出面。

◎上海大学校址

1922年，更名为上

海大学的这所学校在闸北青云路青云里开办了。于右任担任校长，但只是挂名，实际办事、教学的教职人员全靠共产党人。学校设有社会学、中国文学、英国文学、俄国文学四个系，著名共产党人邓中夏担任管理学校行政事务的总务长。

沈雁冰虽然是第一次见到瞿秋白，但早就对他留有深刻的印象。瞿秋白与郑振铎五四时期曾在北京一起办过一个周刊，郑振铎多次谈起瞿秋白的才气，文笔过人。瞿秋白以《晨报》记者身份在十月革命后的苏联考察时写成的《饿乡纪程》、《赤都心史》两部书稿，都是作为“文学研究会丛书”出版发行的。从这两本书中，沈雁冰不但对十月革命以后的俄罗斯有了更真切的了解，而且非常欣赏作者风趣幽默的文笔和善于描写的手法。他记得书稿是由陈独秀力荐来的，那时瞿秋白尚未回国。陈独秀称赞瞿秋白的文章是“贾生才调更无伦，文笔、风格都有过人之处”。沈雁冰则从两部书稿的书名恰是一副巧妙的对联，想象到瞿秋白一定是有一种文人风流潇洒的气质。可惜商务印书馆不喜欢“饿乡纪程”四个字，将书名改为《新俄国游记》，平淡乏味，落了俗套。

在校务会议上的这次见面，使沈雁冰得以结识这位心仪已久的朋友。而瞿秋白对沈雁冰也毫不陌生，早就知道他为新文学的成长所付出的努力和卓有成效的工作。从此，两人结下了深厚的友谊，共同战斗在领导革命文学运动的第一线。

瞿秋白的确文如其人，是个风趣幽默、性情洒脱的人，与沈雁冰的严谨、不苟言笑有很大不同。这一年秋天，两个人的好友郑振铎新婚大喜，新娘是高梦旦的小女儿高君箴。郑振铎决定举行一个新式婚礼。可直到婚礼的前一天，郑振铎才发现他母亲没有现成的图章。按照当时流行的文明结婚的仪式，结婚证书上必须盖有双方家长、介绍人、新郎新娘的图章。他立刻写了一封信，找人送到瞿秋白处，请秋白为他代刻一章。不料，送信人带回瞿秋白的一封信，信上手写了一张“秋白篆刻润格”：“石章每字二元，七日取件；如属急需，限日取件，润格加倍；边款不计字数，概收二元。牙章、晶章、铜章、银章另议。”郑振铎知道秋白素喜幽默，不是真的索要刻章的润格，恐怕是手头工作太忙，抽不出时间刻章，便又转求沈雁冰代刻一枚。他知道沈雁冰也会篆刻，只是不及瞿秋白的技艺高。

◎郑振铎与高君箴

沈雁冰连夜赶刻了一枚印章，第二天上午赶到郑振铎寓所，亲手交到郑振铎手里。过了一会儿，瞿秋白差人送来一封大红纸包，上书“贺仪五十元”几个字。郑振铎遣走送包的人，口中正说着：“朋友之间，何必送这样重的礼！”沈雁冰已经替他把红纸包打开了，只见三枚印章：一枚是为郑振铎母亲刻的，另外两枚是郑振铎和高君箴的。新郎、新娘的两枚印章可以合为一对，上面分别刻着边款“长”“乐”二字。这真是寓意双关：郑、高两家都是福建省长乐县人，两个长乐人合为一家；新婚夫妻长乐，表示白头偕老的吉祥祝福。瞿秋白可谓奇思妙想。还不止于此。沈雁冰悉心在那里计算了一下：润格加倍，边款两元，恰好是50元整。秋白幽的这一默，实在出人意外。他与郑振铎忍不住捧腹大笑。自知篆刻水平不如秋白，沈雁冰让郑振铎将他刻的那枚印章收起，改用秋白刻的盖在结婚证书上。郑振铎、高君箴原不打算用章，只签字，见两枚印章刻得有趣，也用了秋白刻的章。

下午举行结婚仪式，瞿秋白赶来贺喜。郑振铎请他讲话，他也不推辞，但不说那些这样婚庆场合下人们常说起的祝福语、吉祥话，独出心裁，用了《红楼梦》上一回“薛宝钗出闺成大礼”作题目，对着出席仪式的男女宾客，大讲一通男女恋爱要自由，妇女要争得解放的话。他讲话的语言亦庄亦谐，满堂宾客中，有人听得瞠目结舌，有人听后鼓掌欢呼。

沈雁冰、瞿秋白这些共产党人在上海大学任教，并不为养家糊口，而是将其视为一项重要的工作，所以教课非常认真。沈雁冰所教学生中，丁玲、施蛰存、戴望舒等后来成为著名作家。沈雁冰在中文系、英文系任课的课时虽然不多，但后来他撰写出版的《西洋文学通论》、《小说研究ABC》、《神话研究》等著作，就是以此时教学中的研究、积累为基础成书的，足见其讲授的课程的份量和他为此花费的心血。

丁玲是在平民女校停办之后进入上海大学的。她后来回忆听沈雁冰讲课的感受时说：“我喜欢沈雁冰先生讲的《奥德赛》、《伊里亚特》这些远古的、异族的极为离奇又极为美丽的故事”，从这些故事中“产生过许多幻想”。“我还读过沈先生《小说月报》上翻译的欧洲小说。他那时给我的印象是一个会讲故事的人，但是不会接近学生。他从不讲课外的闲话，也不询问学生的功课，所以我们以为不打扰他最好。早在平民学校教我陀思妥耶夫斯基的《穷人》的英译本时他也是这样。”丁玲走上文学道路受到沈雁冰很大影响，从她的回忆中也可以一见沈雁冰的性格特征。

1923年7月，中共中央将建党以后成立的上海地方执行委员会改组为兼管江浙两省党务的上海地方兼区执行委员会，沈雁冰当选为五

◎上海大学的教员们

位执行委员之一，邓中夏任委员长，沈雁冰为国民运动委员。当时上海的党员分为四个小组，沈雁冰、张国焘、沈泽民、刘仁静等人在商务印书馆那一组（第二组）。这时，国共两党开始实现合作，在中央指示下，上海地方兼区执委会决定设立国民运动委员会，负责上海及江浙地区与国民党合作，发动社会上各个阶层的进步力量参加革命的工作，沈雁冰兼任委员长，林伯渠、张太雷、张国焘等八人为委员。

因为担负了这些党的工作，沈雁冰更忙了，有时甚至天天得开会，用他的话说，过去是白天搞文学，晚上搞政治，现在却连白天都要搞政治了。

十八 上海滩留一段佳话

在1923年8月的一次执委会上，沈雁冰第一次见到毛泽东。毛泽东是以中央代表身份出席指导执委会的，他当时在会议上即提出了党应该注意掌握武装的问题。这给沈雁冰留下了深刻印象。

在这次执委会上，沈雁冰还受命去劝说已经提出退党要求的陈望道、邵力子，这也是毛泽东代表党中央提出的建议。陈望道、邵力子都是创建中国共产党的参与者，他们提出退党，主要是不满于陈独秀日益滋长的家长作风。

还有一个提出退党要求的是沈玄庐。沈玄庐和邵力子都是国民党人，他也是上海共产主义小组的发起人之一，建党后曾担任重要职务。沈玄庐本人是个大地主，但他信奉共产主义，自动减了佃户的地租，而且办起了全国第一个农民协会。

说起沈玄庐要求退党的原因，让人有些啼笑皆非。据他说，一个姓吴的青年党员拐走了他的儿媳，这让他十分失望。他以为当初发起成立共产主义小组，约定加入共产党的人必须品行高洁，富有献身精神，现在却连流氓、拆白党也入了党，竟然还拐走了他的儿媳，他不愿再留在这样的组织内。据此，他给陈独秀写了一封长信，请邵力子转交。但邵力子因为也有意退党，不想见陈独秀，所以把信交给沈雁冰，由沈雁冰交到党中央。

上海的许多年轻党员得知三人要退党的消息，反应强烈，纷纷指责三人投机革命，甚至骂他们是叛徒，所以毛泽东受中央委托，在执委会上要求党员们对三个人的态度要和缓一些，努力劝说三人打消退党的念头。

沈雁冰去做了邵力子、陈望道两人的工作，邵力子表示收回退党的要求，陈望道则坚持己见。他认为陈独秀家长作风未变，故自己也不改退党的要求。他还表示信仰共产主义终身不变，在党外仍会为党效力。沈雁冰对此也无能为力。对于沈玄庐，邵、陈二人都说不用去劝说，他不会改变主意的。沈雁冰还是去找了沈玄庐，并且了解了一下沈玄庐所谓儿媳被拐一事的是非曲折，原来此中有些误解和家庭的原因。

◎1925年的沈雁冰

沈玄庐的儿媳就是后来成为瞿秋白夫人，对孔德沚投身妇女运动有很大帮助的杨之华。杨之华与沈玄庐的儿子沈剑龙结婚以后，因为志向、趣味都不相同，感情并不融洽，她一直想有机会走到外面的世界里去。一天，姓吴的那位青年到沈家作客，杨之华得知他从上海来，便向吴某打听上海大学的情况，吴某把他知道的都告诉了杨之华。吴某不久回了上海，杨之华随后也离开沈家去上海进了上海大学。其实，杨、吴二人素不相识，他们只是搭了一次话而已。杨之华有意出走，也是早晚的事。沈玄庐知道儿子、儿媳感情不合，恰好碰到这件事，便疑心到吴某拐走了杨之华。

沈雁冰将了解的情况告诉沈玄庐，沈玄庐也悟到自己的指责只是猜想，并无凭据，但料定儿子、儿媳的关系难以挽回，便冲着沈雁冰大发了一通牢骚，最后却表示愿意考虑党组织的挽留。

然而，第二年春，沈玄庐还是退了党，更深刻的原因恐怕还在于政治思想方面的歧见。几年后，他遭人暗杀，据说是蒋介石所为，因为他在国民党中央委员会里是反蒋的。

杨之华进入上海大学之后，很快就显示出不同寻常的活动能力和组织能力，担任了上海大学学生会的执行委员。作为学校教务长的瞿秋白，很欣赏杨之华的活力和才干；杨之华也特别钦佩仰慕瞿秋白的学识、品性。瞿秋白的妻子王剑虹去世后，瞿、杨二人便相爱而结为伴侣，这已经是1924年底了。说到瞿秋白、杨之华的结合，还有一段当时传为佳话的趣闻。

杨之华离开婆家出走上海，进入上海大学学习，并没有解除她和沈剑龙的婚姻关系。她在当时也没有想到这一层，只是希望摆脱那个夫妻感情不合的家庭小环境，投身到外面那个多姿多彩的大世界中去。她与瞿秋白相恋以后，不能不考虑结束和沈剑龙的婚姻关系，便给在萧山的沈剑龙写了一封信，直截了当提出离婚。这是杨之华的性格，决定要做的事毫不含糊，也不拐弯抹角。

沈剑龙倒也不是那种小肚鸡肠，有点事就耿耿于怀的男人，立即回了一封信说：“这事很平常，好商量，我到上海去和你面谈。”

没过多久，沈剑龙从萧山来到上海，两个人只面谈了一次，就把问题解决了。双方都明白，感情不合，不是哪一方的责任，而是两人作为夫妻相距甚远，当初就不该结合在一起。所谓好聚好分，没有感情的婚姻，自然不必受道德伦理的约束。解除婚姻关系并不意味从此形同路人，仍然可以成为朋友。应该说在这件事上，沈剑龙还是蛮有肚量的。

商量妥当之后，他们两人请来张太雷、施存统、沈泽民、张琴秋，在众人面前拟定了一个特别的协议：在《民国日报》上同时刊登三则启事。

第一则启事宣布沈剑龙、杨之华离婚，是“离婚启事”。大意是说：两个人很愉快地解除双方都认为不应再继续下去的婚姻关系，但是仍然保留相互敬爱，互相帮助的友谊关系。

第二则启事宣称，沈剑龙、杨之华二人离婚后仍然是最亲爱的同志和好朋友，是为“朋友启事”。

第三则启事就是瞿秋白与杨之华的“结婚启事”了，向四方亲朋友好友通告他们将在11月7日（即十月革命纪念日）举行结婚仪式。

◎瞿秋白与杨之华

瞿秋白、杨之华举行婚礼的那天，沈剑龙、杨之华的父母都出席了，足见沈、杨二人协议离婚之事做得漂亮而不是作秀。沈雁冰、孔德沚与其他许多朋友们都参加了婚礼，大家一起吃了一顿并不铺张的婚宴。

三则启事、两个婚约、一揽子解决，在无奇不有的大上海也是前所未闻的。不但新派人物啧啧称奇，沈雁冰他们这些共产党人也将其传为美谈。上海滩留下一段令后人自叹弗如的佳话。

1923年9月，在上海地方兼区执委会的一次会议上，根据中央的指示改组了国民运动委员会，以统一管理工人、农民、商人、学生、妇女各方面的运动，沈雁冰继续担任委员长，还和向警予一起分管妇女运动。到1924年初，由于邵力子约沈雁冰去编《民国日报》副刊《社会写真》，再加上商务编译所的工作，沈雁冰感觉时间、精力难以兼顾，便向执委员提出辞职，他的辞职被接受了。

这一年底，沈雁冰一家搬到闸北顺泰里11号居住。瞿秋白、杨之华结婚后租住了沈雁冰家隔壁的12号。沈泽民与张琴秋也在不久之后结了婚，住在与母亲、哥哥一墙之隔的另一条里弄康德里11号。

张琴秋在平民女校结束后进上海大学，而且先后入团入党，与沈泽民的关系越来越亲密，终于结为夫妻。他们的婚礼很简单，没有花费母亲的一文钱，正如老太太当初所料定的。

由于几家人毗邻而居，相互来往更加频繁，杨之华、张琴秋就动员孔德沚也去做妇女工作。孔德沚原本在沈雁冰的影响下就有参加社会活动的愿望，只是觉得自己口才差一些，对自己的能力也不大有自信，现在有杨之华、张琴秋做伴、帮助，自然很高兴。她还动员了住在附近的叶圣陶的夫人胡墨林一起参加进来。她们的工作主要是针对纺织厂的女工，向她们宣传革命道理，提高她们的思想水平和妇女解放意识。上海大学的女学生多半都参加了这项工作。杨之华、张琴秋的活动能力强，组织、宣传样样干得来，孔德沚主要帮助女工办夜校、识字班，通过教女工识字宣传革命道理。

这一年，孔德沚由杨之华介绍加入了中国共产党。这样一来，沈雁冰一大家人，除了母亲之外都是共产党员。后来胡墨林也入了党，毗邻而居的四家都可以称之为革命家庭，沈、叶两家还都曾成为党的会议召开的地点。闸北弄堂的这一隅宛如一块小小的“我们的花园”（当时一首诗的名字），几位革命女性仿佛花园中几簇鲜红馥郁的玫瑰。

十九　与毛泽东共事

1925年在中国现代史上是工人运动日趋高涨的一年。沈雁冰虽然辞去了在中共上海地方兼区执委会的职务，但他还担任着商务印书馆的党支部书记，一直置身在上海工人运动的滚滚洪流中。

2月初，日本人开设的内外棉八厂发生日本领班毒打女童工事件，引发了上海全市范围内20余家日资工厂的大罢工，并且唤起上海市各界的广泛支持。沈雁冰参加了在潭子湾举行的万人大会。罢工迫使日本资本家接受了工人的条件，取得了胜利。

5月初，中华全国总工会在广州成立，在上海设立了秘密办事处。工人运动的日益高涨，使得更多的工人加入工会。日本资本家企图先发制人，扼制工人运动的发展。日本纺织同业会宣布不承认工会，并扬言工人罢工就关闭工厂。工会则针锋相对，很策略地单让纱厂罢工，而让织布厂上工。5月16日，内外棉七厂的工人与阻止他们进厂的日本大班及其打手发生冲突，领头的工人顾正红遭枪杀。

“顾正红事件”引发了波及上海全市范围的第二次大罢工，后来称为“五卅”运动。

5月30日，工人、学生分几路汇集到南京路，举行声势浩大的示威游行。沈雁冰、孔德沚和杨之华参加了上海大学的游行队伍。当晚，陈独秀、蔡和森、李立三等人召集上海地方兼区执委会负责人开会，决定发动全市罢工、罢市、罢课，并拟定了具体部署。

5月31日上午，在南京路上进行了一场规模更加宏大，组织得更为周密的示威游行。

6月1日开始，上海各阶层的人民群众实现了声势浩大的“三罢”（罢工、罢市、罢课）。

沈雁冰从30日起就亲身参加了示威游行活动，此后，他参加了“五卅”运动期间的一系列斗争活动：作为上海大学代表，参与发起上海教职员救国同志会，并集体签名发表宣言；与杨贤江等人发表谈话宣布救国同志会的宗旨、章程；参与各学校的演讲团，演讲“五卅”事件的外交背景；为了打破当局的新闻封锁，他还与瞿秋白等人参与主持6月3日创办的《公理日报》，直至该报6月底停刊。

“五卅”运动在商务印书馆的直接影响是成立了工会组织。这一年的8月中旬，商务印书馆工会发动了要求增加工资的罢工斗争。党中央派徐梅坤在罢工委员会内组织了有沈雁冰参加的临时党团，实际领导罢工斗争。沈雁冰担任了领导罢工的执行委员会委员和与资方谈判的代表，还负责起草文件、发布消息等工作。

经过三次谈判，由于沈雁冰等代表据理力争，再加上风闻地方军阀准备派兵干涉，资方代表怕事态扩大难以收拾，终于做出让步，同意工人的要求。次日，由沈雁冰向职工大会报告了谈判经过，说明了达成协议的情况，在全体欢呼声中，由沈雁冰起草了有效期为三年的复工条件。这次罢工取得了全面胜利。

亲身经历了工人运动，成为沈雁冰政治生涯中重要的经历。它让沈雁冰在实际斗争生活中得到了锻炼，也学到了许多理论书籍中学不到的东西。同时，还对于他的文学活动产生了意料之外的影响，即，他“突破了自设的禁忌”，觉得政论文已不足以宣泄自己的情感和义愤，沈雁冰开始文学创作。在“五卅”运动期间，他一共写了八篇散文，其中就有七篇是与“五卅”有关的。它们真实地记录下当时的斗争场面和一个个鲜活的人物，抒发了沈雁冰激荡在内心的人生感悟。

与多数现代作家不同，沈雁冰步入文坛，而且成为叱咤文坛的风云人物，是以文学理论著述和批评家的身份，从这以后他才进入创作领域。而以这样的方式开始自己的文学创作，还预示了沈雁冰的创作冲动和激情，将是来自于那波澜起伏的社会生活大场景的感动，而不是沉缅在个人情感小天地里的幽思默想。

还是在这一年的3月，中国民主革命的先行者孙中山在北京逝世。国民党右派在孙中山逝世后背叛了他的三大政策，反对国共合作。年底他们公开宣布开除已经加入国民党的共产党员，沈雁冰即在其中。中共中央为了反击国民党右派，指令恽代英和沈雁冰筹组成立了国共两党合作的国民党上海特别市党部执行委员会，恽代英为主任委员兼组织部长，沈雁冰任宣传部长。12月底，上海市党员大会选举

◎沈雁冰在广州参加国民党“二大”期间

五名代表，赴广州出席国民党第二次全国代表大会，沈雁冰是代表之一。

国民党的这次全国代表大会，共产党员代表占到五分之三。中共中央的决策是团结国民党的左派和中间派，集中打击右派“西山会议派”。会议取得了预期的结果，通过“弹劾西山会议派决议案”，重申了执行孙中山三大政策、国共合作的方针。

大会闭幕后，沈雁冰收拾行装，准备返回上海时，中共广东区委书记陈延年派人通知他，中央决定让他留在广州工作，任国民党中央宣传部秘书。国民党新的中央委员会选举汪精卫为国民政府主席兼宣传部长，汪精卫认为身兼两职忙不过来，请毛泽东代理宣传部长。

广州东山庙前西街38号，毛泽东的寓所在这里，他主编的《政治周报》的通讯地址也设在这里。

东山是广州的别墅区，有不少豪华的洋式小楼，蒋介石、苏联军事专家顾问团等就住在这些洋楼里。毛泽东的寓所却是简陋的中式楼房，沈雁冰在这里又见到了毛泽东，并且第一次见到杨开慧。

杨开慧那时带着岸英、岸青两个孩子，岸青还在吃奶，杨开慧除了协助毛泽东工作，还要料理家务。沈雁冰在庙前西街38号住了两个多月，在他眼里，杨开慧十分恬静贤淑，是一个不大讲话的女性。

当时国民党中央委员会的各部，都不设副部长，部长之下就是秘书，负责部的常务工作。毛泽东正忙于筹备第六届农民运动讲习所，不能天天到部里办公，所以沈雁冰实际上代理了宣传部的主要工作。《政治周报》过去由毛泽东编，杨开慧助理，现在交由沈雁冰编，这是国民党政治委员会的机关报。

宣传部总共只有八名工作人员，但工作似乎也并不繁重，沈雁冰在编《政治周报》之外，主要就是起草宣传大纲，处理例行的公事，倒是他的"文学家"的名声，让他在广州的两个多月内额外增添了许多工作。文学研究会广州分会请他去与分会同人聚会，政治讲习班请他去讲革命文学，何香凝提议设立的妇女运动讲习所规定他去兼几个钟点的课……沈雁冰还为广州市的中学生作了一次讲演。

其实沈雁冰并不善于讲演，他是被陈其瑗拉去的。沈雁冰以自己不会广东话为由推托不去，陈其瑗说由他作翻译，沈雁冰也就只好勉为其难了。陈其瑗在开场白中特别介绍沈雁冰不只是宣传部要员，还是一个文学家，沈雁冰于是灵机一动，把原来准备讲的宣传材料上那些说词干脆丢掉，改了一个与文学有关的话题。他讲起古希腊神话中普罗米修斯盗了天火带到人间的故事，讲起火是人类文明的起源。陈其瑗听到沈雁冰讲演的内容，一边翻译，一边脸上露出惊讶的神色，而满堂的中学生鸦雀无声，静静地在听，显然对这个希腊神话故事很感兴趣。他们也没有想到国民党中宣部的要员，会给他们讲神话故事，因而神情格外专注。

“伟大的孙中山先生，就是普罗米修斯；革命的三民主义就是火。”沈雁冰提高嗓音，用这句话结束了讲演。顿时，满场响起热烈的掌声。陈其瑗在送沈雁冰回宣传部的路上说：“以前也请过许多人给全市的中学生讲话，他们用给成人讲演的内容和方式宣讲，结果学生们听得睡着了。这次效果这样好，真是破天荒第一次。”

沈雁冰说道：“也是因为你把我介绍为文学家，我才想到了这个话题，不然怕也要蹈前车之覆呢！”

不久之后，发生了所谓共产党密谋策动中山舰武装政变的“中山舰事件”，蒋介石借机清除了国民革命军第一军中的共产党员，广东的革命形势因之突变。

那是3月19日深夜，毛泽东和沈雁冰在庙前西街38号都还没有入睡，他们在谈论广州的形势。前两天即流传着共产党策划中山舰武装政变的谣言，毛泽东预感到要出事了：“莫非再来个廖仲恺事件？”

正说着，宣传部一个工友慌慌张张跑进来说：“海军局长李之龙被捕了。”毛泽东立即吩咐他去找陈延年，随即静坐在屋里陷入默然沉思。沈雁冰见状，不敢打扰，也默默地坐在那里陪伴，杨开慧在楼上给岸青喂奶后已经入睡了。

过了很长时间，工友才跑回来，说陈延年已经去了苏联军事顾问代表团的宿舍。毛泽东立刻站起身，准备赶往苏联军事顾问代表团宿舍。沈雁冰说："路上已经戒严，你一个人去恐怕不安全，我陪你去。"毛泽东点点头。

一路上倒没有碰到戒严的岗哨，但顾问团宿舍周围却布满士兵。毛泽东、沈雁冰刚走到大门前，就有士兵上来盘查。毛泽东坦然答道："中央委员、宣传部长。"又一指沈雁冰说："这是我的秘书。"士兵一听，陪着笑示意请进。

进了大门，毛泽东叫沈雁冰留在传达室，独自走进会议室。一会儿，沈雁冰听到里边传出许多人讲话的声音，最后高声争吵起来，其中就有毛泽东的声音。又过了一会儿，毛泽东满脸怒容走出来。

回到庙前西街38号坐定，毛泽东的脸色才平静下来。

"究竟是怎么一回事？"沈雁冰问道。

"据陈延年讲，蒋介石不仅逮捕了李之龙，还把第一军中的共产党员统统抓起来，扬言第一军中不要共产党员。"毛泽东恨恨地说。

"那该怎么办呢？"

毛泽东说："这几天我都在思考，我认为我们对蒋介石要硬。他虽然在日本学过一点军事，却是在上海交易所当经纪人搞投机出身，他这一次也是在投机，政治投机。我们示弱，他就得寸进尺，我们强硬，他就会缩回去。"

接着，毛泽东分析了当时广州地区的军力分布，驻防肇庆的叶挺独立团是共产党员组成的部队，第一军中士兵、下级军官与上层军官的矛盾，国民革命军其他四个军与蒋介石的面和心不和等情况，特别是第四军李济深与蒋介石还有宿怨，再加上广西军事首领李宗仁与蒋介石一直矛盾冲突不断，这些都可以为我所用，取长就短，灵活应对，摆好阵势对付蒋介石，蒋介石是无能为力的。

“陈延年先是站在我一边，”毛泽东叹了口气，说道：“可是苏联顾问团却反对，他们从纯粹的军事观点看问题，认为独立团坚持不到一星期，其他几个军只会坐山观虎斗，于是，陈延年也犹豫起来。我再三跟他们辩论，毫无结果，最后决定请示中央。”

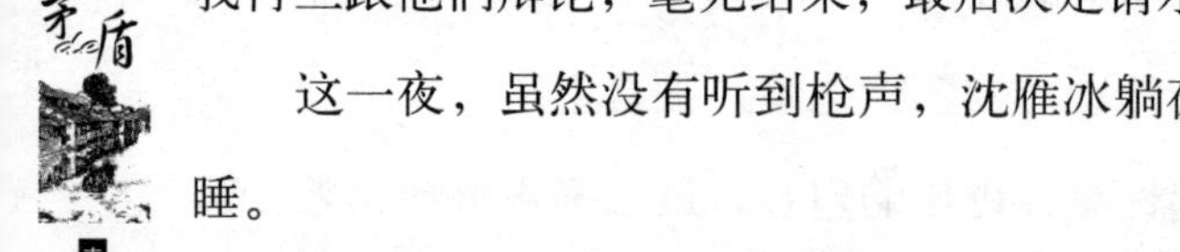

这一夜，虽然没有听到枪声，沈雁冰躺在床上却辗转反复不能入睡。

过了两天，沈雁冰见到陈延年，问他道：“事情究竟如何结束？”陈延年告诉他，中央已经有了回电，“要我们忍让，要继续团结蒋介石准备北伐。刚才还收到上海来电，要你回去，张秋人两三天内从上海来。”

晚上，沈雁冰同毛泽东说起这件事，毛泽东感慨道：“看来汪精卫要下台了，我这代理宣传部长也不用再代理了。张秋人来宣传部工作，由他接你的手编《政治周报》，等他到任你再回上海吧。”

二十　幻灭中吟唱三部曲

一周后，沈雁冰只身回到上海。离家两个多月，母亲、德沚和孩子们的生活一如往日。

第二天，老友郑振铎登门拜访。一边说着互致问候的寒暄话，一边落座，郑振铎好像有什么特别的话要说，显得吞吞吐吐：

“香港报纸上说你是赤化分子，而且把你过去在哪里任职，做过什么事讲得很详细。这里的驻军派人到编译所来问过几次你的情况。我们都搪塞了。”

“那编译所是什么意思呢？”沈雁冰心想，郑振铎提到这个话题，一定是编译所对他工作有了什么考虑。

“这个嘛……”郑振铎面露难色。

沈雁冰明白了，编译所有劝退之意，但希望自己提出来。他不愿让老朋友为难，说道：“本来我也不想在编译所干了，现在我就辞职。”

第二天，郑振铎又来到沈雁冰家，带着一张900元的支票，说编译所同意辞职，这是退职金。“这里还有一张商务印书馆的股票，面值百元。编译所说为报答你为商务做了许多事奉送的，据说面值百元的商务股票，在市面上至少价值200元。”郑振铎边说边拿出那张百元股票。

沈雁冰知道郑振铎所言不假，商务印书馆现有的资产，超过注册股本的两三倍，这里面也凝聚了自己十年的血汗啊！十年辛苦，落得如此结局，沈雁冰愤愤不已。郑振铎在一旁也默然无语。

卸去在商务编译所的职务，沈雁冰成了职业革命家。他担任了国民党上海特别市党部主任委员，还代理国民党上海交通局主任。这个交通局可不是管理汽车、轮船运输的交通局，实际上是国民党中宣部在上海的秘密机关，不过办事人员都是共产党员。交通局的职责是翻印沈雁冰在广州时编过的那份《政治周报》，以及国民党中宣部所印发的各种宣传大纲和其它文件，然后转寄到长江一线和北方各省的国民党省党部。

由于自己已经受到当地孙传芳驻军的注意，沈雁冰又搬了一次家，搬到虹口区东横浜路景云里的一处寓所，与叶圣陶、周建人是邻居。沈雁冰此时还担任中共上海区委员会委员，兼任中共中央宣传部消息科长，负责从英文报纸上搜集各种资料。这些工作经常需要召开一些秘密会议，他们就安排在叶圣陶家。叶家的门口挂有一块写着“文学研究会”的牌子，是个很好的掩护。

1926年7月1日，在广东的国民政府发表了北伐宣言，7月9日，10万国民革命军兵分三路正式出师北上讨伐新军阀。

◎大革命时沈雁冰在汉口

北伐军英勇无畏，所向披靡，7月攻入长沙，8月击溃军阀吴佩孚的主力，10月10日攻下中南重镇武昌。

随着北伐军在军事上的节节胜利，培养更多具有良好政治军事素质的军官成为当务之急，中央军事政治学校在新克复的武汉三镇开设了分校。1927年元月，沈雁冰被中共中央派往武汉任中央军事政治学校武汉分校的政治教官。不久后又调他去任汉口《民国日报》总主笔。汉口《民国日报》名义上是国民党湖北省党部机关报，实际由中共控制。沈雁冰在工作上有什么问题，即直接去中共中央宣传部请示，中宣部的工作当时是瞿秋白兼管。

国民政府此时已由广州迁到武汉，北伐战争仍在进行之中，但身为国民革命军总司令的蒋介石很快暴露了他代表大地主大资产阶级利益的反革命面目。

4月12日，蒋介石在上海发动了“四·一二”政变，镇压第三次上海工人起义，屠杀共产党人和革命群众。

4月18日，蒋介石把持的南京国民政府成立，宁汉正式分裂。

7月15日，汪精卫在武汉召开“分共会议”，与中国共产党决裂，轰轰烈烈的大革命失败了。

沈雁冰成为南京国民政府通缉的人物，他从汉口辗转庐山牯岭秘密返回上海后，只能隐居在景云里的家中，对外则由孔德沚宣称丈夫去了日本。

参加大革命的经历和大革命的失败，给沈雁冰的思想带来很大震动：

大革命的失败，使我痛心，也使我悲观，它迫使我停下来思索：革命究竟往何处去？共产主义的理论我深信不移，苏联的榜样也无可非议，但是中国革命的道路该怎样走？在以前我自以为已经清楚了，然而，在1927年的夏季，我发现自己并没有弄清楚！在大革命中我看到了敌人的种种表演——从伪装极左面貌到对革命人民的血腥屠杀；也看到了自己阵营内的形形色色——右的从动摇、妥协到逃跑，左的从幼稚、狂热到盲动。在革命的核心我看到和听到的是无止休的争论，以及国际代表的权威，——我既钦佩他们对马列主义理论的熟悉，一开口就滔滔不绝，也怀疑他们对中国这样复杂的社会真能了如指掌。我震惊于声势浩大的两湖农民运动竟如此轻易地被白色恐怖所摧毁，也为南昌暴动的迅速失败而失望。在经历了如此激荡的生活之后，我需要停下来独自思考一番。

这是沈雁冰在半个世纪后的自叙传中，对于大革命失败后自己思想状态的回顾和反思。它应该是符合当时沈雁冰的情绪和心态的。只是经过几十年的打磨，他把它们梳理得更加条分缕析。

“真实地去生活，经验了动乱中国的最复杂的人生的一幕，终于感得了幻灭的悲哀，人生的矛盾。”沈雁冰从走马灯般在脑海里过来过去的许许多多人和事的画面中，理出了一个头绪：“纵然是在消沉的心情下，在孤寂的生活中，总还要在人生中去执著追求，哪怕仅仅是用生命力的余烬，从别一方面在这迷乱灰色的人生内发一星微光。”

他决定创作小说，而且是长篇小说。“小说的题目就叫‘幻灭’。我只能严格按照生活的真实来写。只要真实地反映出现实生活，就能打动读者的心。让他们去辨别真与伪，善与恶，美与丑吧。”

第一次创作长篇小说，沈雁冰怕把握不好，决定先写几个连续的中篇。人物和生活都是在他脑海里不断涌动的，所以只用了不到两个星期的时间，他就写完了《幻灭》的前半部分。想听听行家的意见，沈雁冰于是顺手在书稿上写了“矛盾”两字作笔名，让孔德沚拿了手稿去给同住景云里的叶圣陶看。沈雁冰秘密回到上海的事情没有瞒着老友叶圣陶，叶圣陶此时已接手主编《小说月报》。

稿子送去叶家的第二天晚上，叶圣陶就过来拜访沈雁冰。

“写得好！写得好！”叶圣陶一进门便赞不绝口地说：“我昨晚一气读完德沚送来的稿子，《小说月报》正缺少这样的稿件呢！我准备把它发在9月份的杂志上，今天就发稿。”

沈雁冰听了，吃惊道：“小说还没有写完呢！德沚送去的只是前半部分，我想先听听绍钧兄的意见，后半部分还装在脑子里，没落笔。”

叶圣陶解释说：“这不妨事，九月号先登这一半，因为再有10天就出版了，等你写完是来不及的，十月号再登后一半。”

沈雁冰一想，这样也好，可以把小说后半部分的写作抓得更紧，便同意了。反正是卖文养家糊口，别的写作可以先放一放。

叶圣陶又用商量的口气说道：“雁冰兄用的这个笔名恐怕得改动一下。我知道目前的情况需要你隐姓埋名，但‘矛盾’二字一望便知是假名，若有好事者询问起来，一般读者还好搪塞，国民党方面来查问作者原姓名，我们就为难了。不如在‘矛’字上加个草字头，茅姓的人是很多的，不会引起旁人注意。”

沈雁冰觉得叶圣陶顾虑得有道理，“茅”字改得也恰到好处，同意用这个笔名。但他们都没有想到，这个笔名会成为沈雁冰一生所用笔名中历时最长久，也最光彩夺目的一个。

《幻灭》以大革命为背景，描写了静女士、慧女士等几个小资产阶级知识女性在时代的剧烈变化中思想上、行为上所产生的矛盾，通过她们身上的矛盾，反映了那个时代的种种矛盾。小说一发表，立即引起读者的注意。作品展现的强烈的时代色彩，对人物心理细腻、大胆的描绘和极富个性特征的女性形象的刻画，使许多读者产生了浓厚的兴趣。许多读者写信给《小说月报》编辑部，询问“茅盾”为何许人也。沈雁冰的同乡、诗人徐志摩也写信给叶圣陶询问，但叶圣陶没有直接告诉他，只说“茅盾”绝非新进作家，徐志摩于是猜到了“茅盾”是谁。

写完《幻灭》后，沈雁冰接着又创作了《动摇》，取材于他主编汉口《民国日报》时的所闻所见，借武汉政府管辖下的湖北某小县城里发生的事情，批判了一批所谓“现代青年”在“革命剧烈时的动摇”。

《动摇》完成时已经到了1927年底，在对轰轰烈烈的大革命运动进行了这样一番思索之后，沈雁冰在1928年春，开始着手写《追求》。他原来准备描写一群青年知识分子，在经历了大革命失败的幻灭、动摇之后，重新振作精神，燃起希望的火炬，去追求光明。但在创作的过程中，沈雁冰自己还陷在悲观失望的情绪中难以摆脱，所以追求光明的结果写成了追求的失败。尽管如此，因为小说真实地反

◎茅盾

小說月報

第十九卷　第一號

民國十七年一月十日

動搖……茅盾

羅亭（屠格涅夫著）……趙景深

歌曲之王修佩爾德……豐子愷

中國文學批評史上之神氣說……郭紹虞

王魯彥論……方璧

THE SHORT-STORY MAGAZINE

Vol. XIX No. 1　January 10, 1928

映了现实人生，《追求》在《小说月报》上连载发表后，依然引起广大读者的强烈兴趣，连一些中学生在上课的时候，也在偷偷翻看刊登着《追求》的《小说月报》。

《幻灭》、《动摇》、《追求》三部曲的问世，轰动了当时的文坛，现代文坛从此记住了“茅盾”这个名字。这时的茅盾正到而立之年。

◎连载《动摇》的《小说月报》

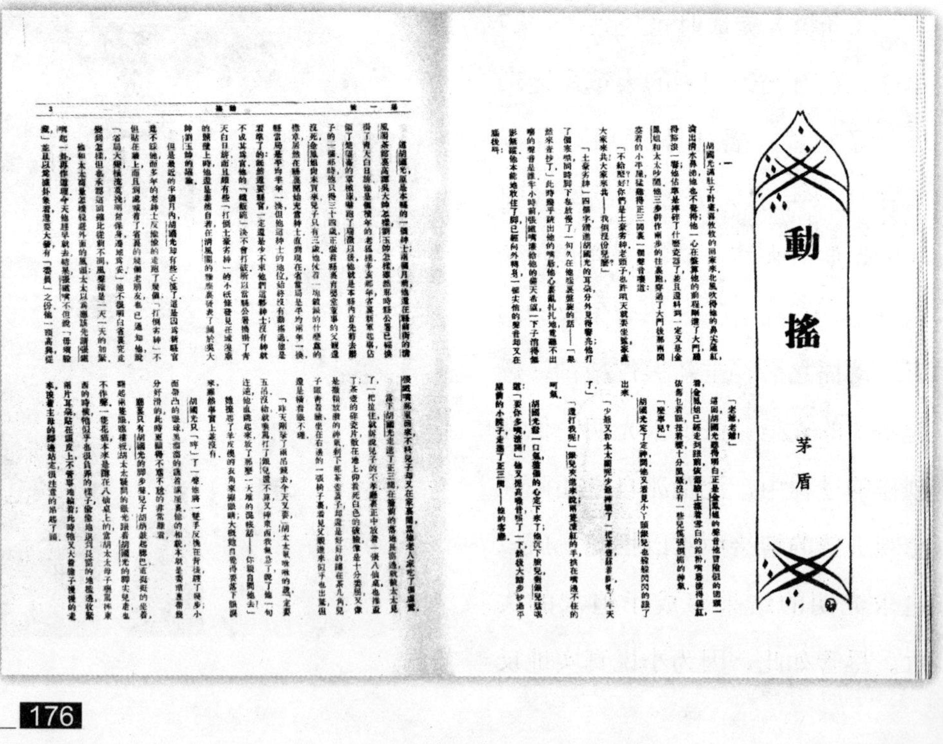

動搖

茅盾

尾声　青春之力尚在奔流

创作完《追求》，已经是1928年的初夏时分，天气日渐燥热起来。久困斗室，茅盾的身体状况不大好，精神也十分疲惫。他多么希望能到斗室之外，能在大自然的山水之间去呼吸一些新鲜空气，去清醒一下发胀的头脑啊！可上海的环境无法这样做。来家中看望茅盾的陈望道劝他暂时到日本去，换个环境。

7月初，茅盾由陈望道帮助安排乘船去了日本，同行的还有曾在平民女校、上海大学共过事的秦德君。这实际上是一段流亡生活的开始。

◎日本京都清水寺

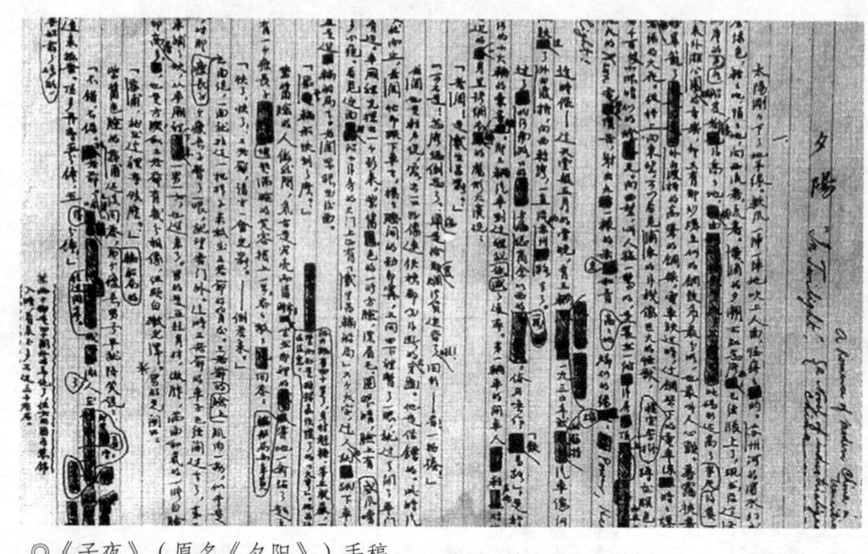

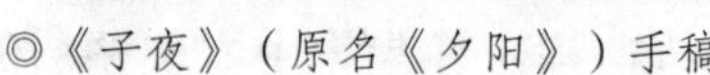

◎《子夜》（原名《夕阳》）手稿

在日本期间，茅盾先后在东京、京都两地逗留，一直到1930年3月底回国。近两年的时间内，他生活的主要内容就是读书、写作，也有过一段与秦德君的浪漫恋情。不过，这段偏离了生活轨道的浪漫行旅，回国后无疾而终。

茅盾创作了一批短篇小说、散文，包括长篇小说《虹》的上部，还有一篇长文《从牯岭到东京》。短篇小说结集为《野蔷薇》。《从牯岭到东京》一文整理了他从庐山牯岭返沪到赴日本东京这段时间内，从事创作的意图、创作时的思想状态和对于革命文艺的看法等等问题。这是茅盾对于自己一年多来的苦闷迷茫情绪所做的清算："悲观颓丧的色彩应该消灭了，一味的狂喊口号也大可不必再继续下去了，我们要有苏生的精神，坚定的勇敢的看定了现实，大踏步往前走，然而也不流于鲁莽暴躁。"

结束流亡生涯一回到国内，茅盾就将《幻灭》、《动摇》、《追求》三部曲合成一书，题名为《蚀》出版。他在扉页上写下了这样的“题词”：

生命之火尚在我胸中燃炽，青春之力尚在我血管中奔流，我眼尚能谛视，我脑尚能消纳，尚能思维，该还有我报答厚爱的读者诸君及此世界万千的人生战士的机会。营营之声，不能扰我心，我惟以此自勉自励。

青年茅盾的人生旅程，可以称得上是有声有色。亦文学亦政治，他都满腔热忱，也都有过精彩时刻。但在进入而立之年的时候，茅盾的生活轨迹发生了一次很大的变化，他拉开了与政治的距离，专心进入文学创作领域。

对于茅盾的这样一个人生选择，无论当时还是之后，都有人有非议。但是人生往往就是这样：有失亦有得，或者有所失才有所得。如若不然，又焉知若干年后会不会有《春蚕》、《林家铺子》、《子夜》、《腐蚀》这些长长短短的小说作品问世呢？它们成了中国现代文学史上的经典之作，茅盾也毫无疑义地成为现代文学史上的文学大家。

后　记

当那个还叫作沈德鸿的少年走出水乡小镇北上求学的时候，谁也不会想到这个少年日后会成为一位作家，而且是位大作家。虽然茅盾的故乡乌镇所在的江南那一方水土，历来就是人文汇萃之地，但要真以为生于斯长于斯，便一定会成了怎一番模样，那就有点风水先生说话的意思了。少年时代的茅盾绝对是个用心读书的好学生，他那时读过的书，搁在如今，可称是博览群书呢。

有许多作家都把母亲视为自己文学生涯的第一个启蒙老师，相比较而言，茅盾的母亲之于他，那就不仅仅是为其文学生涯启蒙的意义。幼年丧父，一直到青年时代，茅盾的人生道路都是在母亲的引领下一步步走过来的。这样的影响之于他，大概是一生的。所以，茅盾在晚年的《八十自述》诗中，怀着感恩之情，一开篇便写道："昔我少也孤，慈母兼父职。管教虽从严，母心常戚戚……"

读过茅盾的作品，知道茅盾文学家大名的人，未必了解茅盾青年时代作为早期中国共产党人的那一段人生经历。那也称得上是一段激情洋溢的岁月。我曾想过，如果茅盾当初没有选择写小说，而是……

但历史是不能假设的。不过有一点可以肯定：如果茅盾没有那一段革命经历的生活积累，他后来是不会写出那些在现代文学史上堪称经典之作的。

2010年1月，写于望京

（本书部分图片系网上收集，因作者、出处不详而无法标注，在此一并表示诚挚的谢意。由于时间仓促，虽然我们多方联系，但仍有个别作者没能联系到，敬请有关作者尽快与我们联系，以便支付稿酬。）